ANNA MÜLLER-TANNEWITZ

AVIJA
das Mädchen aus Grönland

Illustrationen

Angela Malz-Dziomba

K. THIENEMANNS VERLAG STUTTGART

Karte ECKART MUNZ in Stuttgart
Gesamtausstattung ANGELA MALZ-DZIOMBA in Schwenningen
5. Auflage 1979
Satz und Druck Süddeutsche Verlagsanstalt u. Druckerei GmbH in Ludwigsburg
Umschlagdruck Offsetdruckerei Gutmann + Co. in Heilbronn/N.
Umschlagreproduktion Carl Kühnle in Nellingen
Einband Großbuchbinderei Wilhelm Röck in Weinsberg
© 1971 by K. Thienemanns Verlag in Stuttgart · Printed in Germany
ISBN 3 522 11700 X · Verlagsnummer 1170

Der kranke Vater

>»Der Tag erhebt sich
aus seinem Schlaf.
Der Tag erwacht
mit dem Morgengrauen.
Auch du erhebe dich,
auch du erwache
mit dem kommenden Tag!«

Das Mädchen summte vor sich hin. Die beiden letzten Worte jauchzte es laut hinaus in den rosig schimmernden Morgen. Avija wußte, daß der Sommer dem Ende zuging, daß kein Lied die Sonne hier in Nordgrönland davor bewahren würde, unter dem Horizont zu versinken. Aber noch war ja Sommer, noch rollte das Licht Tag und Nacht über den Himmel.

Leichtfüßig sprang sie, eine Blechwanne mit zwei Henkeln in der Hand, über fußhohes Gestrüpp und kniehohe Birken. Auf einmal blieb sie stehen und lauschte. Da rief doch jemand ihren Namen? »Avija, Avija!« hallte es laut von der Felswand zurück. Das Mädchen drehte sich nach allen Seiten um, sah aber niemand.

»Das muß Alut sein, der wird mich schon finden«, murmelte sie und stieg weiter in die Schlucht hinein, durch die der kleine Elv dem Meere zubrauste. »Hier ist das Wasser süß«, überlegte Avija. »Das wird dem Vater besser schmecken als das halb brackige, das ich gestern weiter unten geholt habe.«

Ein Schatten verdunkelte ihr Gesicht, ihre Stirn zog sich in Falten. So krank war der Vater noch nie gewesen! Ausgerechnet jetzt, wo kein dänischer Doktor in Thule arbeitete, denn der alte war bereits abgelöst und der neue sollte erst kommen. Vorsichtig füllte sie die Wanne und machte sich auf den Weg nach Hause. Bei jedem Schritt schwappte das Wasser bis zum Rand und oft genug darüber.

Da kam ihr Alut entgegen. Avija winkte, als sie den Bruder sah. »Komm, faß gleich mit an! Ich verliere sonst die Hälfte.« Alut packte den zweiten Henkel. Langsam im Gleichschritt ging es dem Strand entgegen. »Die Wanne ist doch viel zu schwer für dich, Avija! Warum hast du mich denn nicht geweckt? Zum Glück hat dich der Onkel fortgehen sehen und mich hinter dir her geschickt.«

Alut schwieg einen Augenblick. Dann meinte er bedrückt: »Der Vater hat die ganze Nacht gestöhnt! Was soll das nur geben?«

Avija seufzte. »Wenn doch das Schiff mit dem neuen Doktor käme!«

Mit jedem Schritt, den die Geschwister aus der Schlucht heraus taten, stiegen sie dem Licht entgegen. Plötzlich sahen sie die Sonne über dem östlichen Inlandeis. Die Kanten der Berge zu beiden Seiten der Thulebucht färbten sich rot. Jetzt tauchte das Licht auch in die Bucht selbst. Die Holzhäuser der Dänen unten am Strand leuchteten rot, blau und gelb auf: die Schule, die Kirche, das Handelskontor und die Krankenstation.

Die Kinder gingen zur Landzunge, dort wo das Thulefjell wie

ein riesiger Maulwurfshaufen die Bucht abschloß. An seinem Fuß, nahe der dänischen Kolonie, hatten die Eskimos ihre Sommerzelte aufgestellt. Dort wohnten Avija und Alut mit ihren Eltern und Onkel Unaleq.

Plötzlich ließ Alut den Henkel der Wanne los und blieb wie angewurzelt stehen. Das Wasser schwappte über. Avija griff mit beiden Händen zu und schrie: »Bist du noch gescheit? Wir verlieren ja das ganze Wasser!«

Alut hörte nichts. Aufgeregt zeigte er aufs Meer hinaus. »Da! Sieh! Da hinten der schwarze Punkt! Ein Schiff! Ein Schiff!«

Avija setzte die Wanne ab und legte die Hand über die Augen. »Wirklich!«

»Das kann nur die ›Nora Tikerak‹ sein!«

»Sie war ja schon vor einer Woche hier!«

»Weiß ich, weiß ich! Da hat sie den alten Arzt an Bord genommen und ist mit dem alten und dem neuen Nakorsaq nach Siorapaluk gefahren. Jetzt kommt sie zurück.«

»Und nun bleibt der neue Arzt hier«, tröstete sich Avija. »Da kann er gleich den Vater gesund machen.«

Die Geschwister schwiegen. Gerade in der Woche, in der die beiden Ärzte Siorapaluk besuchten, war der Vater so krank geworden. Siorapaluk war die letzte Schiffshaltestelle und der nördlichste Laden auf Grönland. Die Geschwister griffen wieder nach den Henkeln. Laut überlegten sie: »Ob die Nora schon am Mittag Anker werfen wird? Ob der neue Doktor sofort nach dem Vater sehen wird?«

»Vielleicht führt ihn die Schwester zuerst ins Krankenhaus.«

»Am besten holen wir den Arzt am Schiff ab.«

»Aber der Nakorsaq muß doch erst nachprüfen, ob alle seine

Sachen ausgeladen sind. Sonst gehen sie nach Kopenhagen zurück!«

»Daran habe ich nicht gedacht.« –

Vor dem Zelt setzten die Geschwister die Wanne ab. Das Stöhnen des Kranken war deutlich zu hören. Onkel Unaleq kroch gerade heraus. »Dem Vater geht es schlecht. Er hat die ganze Nacht irres Zeug geredet.«

»Der Nakorsaq kommt, die Nora Tikerak ist schon zu sehen«, riefen Avija und Alut laut.

Das runzelige Gesicht des Onkels leuchtete auf. Die unzähligen dunklen Falten glätteten sich. »Die Nora! Welches Glück! Vielleicht ist es für den Vater noch nicht zu spät!«

In den Zelten ringsum begann es sich zu regen. Die Leute hatten die Rufe der Geschwister wohl verstanden. Überall hoben sich die Eingangsplanen, überall krochen die Menschen ins Freie und eilten rufend und schreiend zum Strand, als sei das Schiff schon da.

Avija schlüpfte in das Zelt, in dem der Vater lag. »Der Nakorsaq kommt, Vater«, sagte sie und füllte eine Tasse mit frischem Wasser. Der Kranke lag mit entblößtem Oberkörper auf der Pritsche und schien gar nicht zu hören. Er atmete schwer. Gierig griff er nach der Tasse und trank sie in einem Zuge leer. Inzwischen holte Avija einen Mehlsack aus der Kiste und riß ihn in Streifen. Dann tunkte sie die Streifen ins Wasser und flüsterte: »Ich möchte deinen Arm neu verbinden.«

Sie löste den alten Verband und erschrak. Der linke Arm war doppelt so dick wie der rechte und von zwei roten Streifen durchzogen. So schlimm hatte es gestern noch nicht ausgesehen.

Der Vater schien die Tochter gar nicht zu erkennen und murmelte nur: »Gut . . . gut.« Die kühlen, feuchten Binden taten ihm wohl. Avija weinte leise vor sich hin, als sie herauskroch.

Draußen hatten die Mutter und Alut den Klapptisch mit den Hockern aufgestellt. Jeder holte seinen Löffel, während die Mutter die Suppenschüssel mitten auf den Tisch setzte. Dann hörte man nur Löffel klappern und das laute Schmatzen von Onkel Unaleq. Er behielt diese eskimoische Sitte bei, auch wenn die Kinder darüber lachten. Doch heute lachte niemand.

»Wann mag wohl der Nakorsaq an Land kommen«, wollte die Mutter wissen.

»Vor Mittag nicht«, meinte Alut. »Die Nora Tikerak ist noch weit draußen.«

Die Mutter wurde lebhaft. »Dann könntest du doch noch ein paar Schneehühner schießen. Bis zum Mittag hast du Zeit genug. Du weißt ja, wie gern der Vater Brühe von Schneehühnern trinkt.«

Sofort holte Alut sein Gewehr. Als er loszog, flüsterte ihm Avija zu: »Komme ja wieder, ehe die Sonne im Mittag steht, auch wenn du nichts geschossen hast. Wir müssen den Arzt holen, das ist wichtiger als alles andere!« Alut nickte. Dann lief er dem Inland zu.

Die Mutter und Avija verschwanden in dem großen Familienzelt, das ganz mit grauen Seehundsfellen gedeckt war. Früher hatten sie alle darin gewohnt, aber als Onkel Unaleq von den Dänen ein Stoffzelt geschenkt bekam, zogen Vater und Alut zu ihm. Auch jetzt lag der Kranke im Leinenzelt des Onkels.

Im Fellzelt kauerte Meqo, Avijas kleine Schwester, auf der Pritsche und spielte mit ihrer Puppe. »Warum bist du nicht zum Morgenessen gekommen«, schalt die Mutter. Meqo gab keine Antwort und spielte ruhig weiter. Avija ärgerte sich: der Schwester wurde alles erlaubt, weil sie Mutters Liebling war.

»Schnell, wir müssen die guten Kleider durchsehen«, trieb die Mutter Avija an. »Du brauchst ja heute nicht zur Schule, weil das Schiff kommt. Da kannst du mir beim Nähen helfen, es sind sicher überall Risse auszubessern.«

»Ich darf doch mit zum Strand«, wollte Meqo wissen.

Die Mutter nickte. »Natürlich, Kleine, sobald deine guten Kleider in Ordnung sind. Wenn ein Schiff kommt, ist immer Feiertag. Dazu mußt du die besten Sachen anziehen!«

Während die Mutter sich Meqos Kleider vornahm, holte Avija aus ihrer Kiste die Festtagshose aus Blau- und Weißfuchsstreifen, dazu eine Stahlnadel mit Sehnenzwirn. Eine Seitennaht war handbreit aufgegangen. Schnell war die Naht wieder zu.

Die Mutter prüfte die Arbeit und meinte: »Ich mußte in meiner Jugend mit Knochennadeln nähen. Das dauerte viel länger. Für jeden Stich mußte man erst ein Loch vorbohren.«

»Dann haben wir also die eisernen Nadeln erst von den Dänen bekommen?« wollte Avija wissen.

Die Mutter nickte und reichte Avija ein Paar lange, hohe Fellstiefel. »Sieh nach, ob deine Kamikken in Ordnung sind.«

»Meine Kamikken sind in Ordnung«, sagte die Tochter spitz und stellte die Robbenlederstiefel vor sich hin. Sie reichten ihr bis zur Hüfte.

»In Ordnung?« versetzte die Mutter scharf. »Wo sind denn die Bänder zum Festbinden? Hier sind ein paar rote. Nähe sie gleich an!«

Probeweise schlüpfte Avija in die langen Stiefel. Es waren ihre ersten Kamikken, bis jetzt trug sie Kinderschuhe. Dann holte sie die große Wasserschüssel und wusch sich. Mit einem Kamm strich sie sich die Haare glatt, die hinten in einem Knoten zusammengefaßt waren. Schließlich fuhr sie noch in ihre Fuchshose und zog den Anorak über. »Ich bin fertig«, sie tanzte einige Schritte durch das Zelt. Plötzlich hielt sie erschreckt inne. Wie konnte sie nur den kranken Vater vergessen?

»Nun sieh Aluts Kleider auch noch durch«, sagte die Mutter. »Wenn er wiederkommt, hat er sicher kaum Zeit zum Umziehen. Die Nora wird bald landen.«

Flink griff Avija zur Nadel. Wo mochte der Bruder sein? –

Alut war inzwischen durch das Elvtal zum Inlandeis hinaufgeklettert. Oben schimmerte das Eis golden mit bläulichen Flecken. Der Junge wandte sich seitwärts den Elvhängen zu und stieg schnell zum Rand empor. Bis hierher flogen die Vögel von ihren Brutplätzen auf den Meeresklippen, sobald sie von dort aufgescheucht wurden. Bis hierher und weiter nicht, denn die Eiswüste war allem Leben feind.

Ein Schwarm Seekönige kreiste über ihm. Auf einmal fielen einige Tiere herunter, ohne daß Alut einen Schuß abgefeuert hatte. Er hob die Vögel auf. Zwischen dem Gefieder sickerte Blut heraus. Ein Jäger mußte sie angeschossen haben. Die Vögel hatten noch eine Weile gelebt und allmählich die Kraft zum Fliegen verloren. Alut packte die willkommene Beute ein.

Als er aufsah, huschte ein Schwarm Schneehühner über ihn weg und ließ sich in der Nähe nieder. Zitternd vor Erregung griff der Junge nach dem Gewehr. Das waren ja die großen Vögel, die der Vater so gerne aß! Mit Gewalt zwang er sich zur Ruhe und wartete, bis der Schwarm sich wieder erhob. Im donnernden Widerhall des Schusses fielen gleich zwei Schnee-hühner. Freudestrahlend machte sich Alut auf den Heimweg. Er sah den Vater schon wieder gesund werden!

Während Alut so viel Jagdglück hatte, trat Avija von einem Fuß auf den anderen. Wo blieb der Bruder nur? Die kleine Meqo zerrte an ihrer Hand. »Wir müssen gehen! Sieh nur, da kommt schon das Schiff!«

Langsam trieb die Nora Tikerak in die Thulebucht. Man hörte das Tuckern des Motors, der den Frachter an seinen Anker-platz führte. Ringsherum schwärmten die Kajaks der Eskimos. Alle Männer aus Thule waren der Nora entgegengefahren, um sie schon weit draußen zu begrüßen. Jetzt heulte die Schiffs-sirene, und unter stählernem Klickern glitt der Anker vom Bug in die Tiefe. Das Schiff blieb im tiefen Wasser weitab vom Ufer, denn dort war das Wasser zum Landen zu flach. Nun brauste das kleine Motorboot der dänischen Kolonie vom Strand zum Schiff, um Menschen und Gepäck zu holen.

Avija blickte sich um. Von Alut war nichts zu sehen. »Wir müs-sen gehen«, meinte sie. Mit schnellen Sprüngen rannten die Schwestern zum Wasser hinunter. Die Mutter blieb beim Vater zurück. Unten standen alle Leute der Thulesiedlung, soweit sie nicht mit ihren Kajaks dem Schiff entgegengefahren waren, Dänen und Eskimos durcheinander. Avija und Meqo drängten sich nach vorn. Da kam auch schon das Motorboot zurück. Am Heck bauschte sich fröhlich die dänische Flagge, man sah das weiße Kreuz auf dem roten Tuch leuchten.

Etwas ratlos spähte Avija zum Boot hinüber. Welcher von den Männern mochte wohl der Doktor sein? In Gedanken wieder-holte sie die dänischen Sätze, die sie dem Arzt sagen wollte.

Aber durfte sie sich zwischen die aussteigenden Erwachsenen drängen? Nun sah sie, wie die Benze, die Krankenschwester, auf einen Mann zuging und ihm die Tasche abnahm. Das mußte der Arzt sein!

Avija drängte sich an die Benze heran und zupfte sie am Ärmel. »Ist das der Nakorsaq?« fragte sie schüchtern. Die Benze ging unwillig und ohne Antwort weiter. Aber da geschah etwas Ungewöhnliches. Der Doktor blieb stehen und begrüßte die ihm folgenden Eskimos. Er dankte für den Empfang und gab jedem die Hand, auch Avija! Das Mädchen faßte sich schnell und brachte seine Bitte vor. »Mein Vater ist so krank. Er hat einen geschwollenen Arm und redet ganz unverständliches Zeug!«

»Benze, meine Tasche«, rief der Arzt. »Ich mache sofort einen Krankenbesuch. Oder besser, Sie kommen gleich mit!« Erstaunt gehorchte die Krankenschwester der Anordnung ihres neuen Chefs.

»Was sagtest du«, wandte sich der Doktor an Avija. »Dein Vater hat einen geschwollenen und rot angelaufenen Arm, er hat Fieber und phantasiert?«

»Ja, so ist es, Nakorsaq.«

»Wohnt ihr weit von hier?«

»Nein, dort drüben! Die Benze ist schon bei uns gewesen und hat den Arm verbunden.«

Der Arzt schlug einen schnellen Schritt an. Das Mädchen lief voraus zum Familienzelt und schrie laut: »Der Nakorsaq kommt!« Die Mutter, Onkel Unaleq und Alut, der noch nicht ganz angezogen war, stürzten heraus und begrüßten den Doktor. Eilig führten sie ihn zum Zelt, in dem der Kranke lag.

11

Als der Arzt den Verband gelöst hatte, lief ein Erschrecken über sein Gesicht. »Das sieht aber nach einer gewaltigen Blutvergiftung aus, wie hat sich der Mann denn die geholt?« fragte er die Benze auf dänisch. Die Krankenschwester zuckte die Achseln. Der Doktor öffnete seine Tasche und gab dem Kranken zuerst eine Spritze. Dann machte er drei lange tiefe Schnitte in den Arm. Eine Menge Blut und Eiter stürzte hervor, die Benze hatte Mühe, den Ausfluß mit Watte und einer Schüssel aufzufangen. Dann verband sie von neuem.

»Überlebt der Mann die Nacht, ist er gerettet«, murmelte der Arzt auf dänisch vor sich hin. »Morgen komme ich wieder«, setzte er in etwas komischem Eskimoisch hinzu und nickte allen aufmunternd zu. Niemand hatte seine dänischen Worte verstanden, bis auf Avija. In der Schule war sie ja die Beste im Dänischen. Nun rannte sie in das Fellzelt und warf sich auf ihre Pritsche. Mit Mühe hielt sie die Tränen zurück.

Die Mutter hatte aus dem Besuch des Arztes nur Hoffnung geschöpft. Sie rupfte Aluts Schneehühner und bereitete eine köstlich duftende Brühe. »Morgen wird der Vater sicher davon trinken können, das wird ihm guttun«, meinte sie fröhlich. Sie wunderte sich sehr, als Avija nichts essen wollte.

Nachts fand das Mädchen keinen Schlaf. Was sollte werden, wenn der Vater sie verließ? Alut war noch viel zu jung und Onkel Unaleq zu alt. Keiner von beiden konnte auf die Seehundsjagd gehen oder gar Walrosse oder Eisbären erlegen.

Erst gegen Morgen lösten sich die sorgenvollen Gedanken, und die Augen fielen ihr zu.

Aluts Stimme weckte sie. »Heraus aus den Fellen!«

Avija fuhr auf. »Wie geht es dem Vater?«

»Er hat die ganze Nacht geschlafen und schläft immer noch. Ein paar Mal hat er im Traum gesprochen.«

Im Nu sprang Avija von der Pritsche. »Hörst du, Mutter! Der Vater schläft!« Im Handumdrehen war sie in den Kleidern und lief hinüber zu Onkel Unaleqs Zelt. Vorsichtig schaute sie durch den Eingang. Ja wirklich: der Vater schlief. Ganz regelmäßig hob und senkte sich seine Schlafdecke. Leise trat die Mutter hinter sie. »Komm, Kind, wir wollen den Vater nicht stören.«

Während die Mutter über dem Spirituskocher den Rest Grütze wärmte, holte Avija einen Anorak des Vaters hervor und begann, die Löcher zu stopfen. Vielleicht brauchte der Vater die Bluse bald. Und heute hatte sie Zeit: der Vormittag war noch schulfrei. Erst nach dem Mittagessen sollten sich die Kinder in der Schule versammeln. Der neue Lehrer wollte ihnen etwas aus der Geschichte Grönlands erzählen, und danach war ein kleiner Ausflug geplant.

Kurz vor dem Mittagessen rief Onkel Unaleq: »Ein Mann kommt! Sicher der Nakorsaq!« Er war es. Der Arzt ging gleich in das richtige Zelt. »Geht mit hinein«, sagte die Mutter zu Alut und Avija. »Ich verstehe ja doch nicht, was er auf dänisch sagt.«

Als der Arzt den Verband löste, staunten die Geschwister: die Schwellung des Armes war merklich zurückgegangen, und die Röte hatte sich ganz verloren. Der Nakorsaq schüttelte den Kopf. »Das ist ja das reinste Wunder, kaum zu glauben! Der Kranke ist über den Berg, ich bin sehr zufrieden.« Er gab dem Patienten wieder eine Spritze und verband den Arm von neuem. Dann lächelte er dem Vater zu. »Morgen kommt die Benze zum Verbinden; ich bin hier vorläufig unnötig.«

Die Mutter mußte etwas Ähnliches erwartet haben. Sie spähte mit Onkel Unaleq durch den Eingang und hielt ein Schüsselchen Schneehühnerbrühe für ihren Mann in der Hand. Als der Nakorsaq herauskam, schnupperte er ein wenig an der Brühe und meinte: »Das ist das richtige, davon wird auch ein Schwerkranker wieder gesund.« Dann griff er nach seiner Tasche und wollte gehen. Aber so schnell kam er von der glücklichen Familie nicht los. Avija hatte gerufen: »Der Vater wird wieder gesund«, doch schon vorher hatte Onkel Unaleq als alter Medizinmann erfaßt, daß der Kranke gerettet war. Nun hielt er eine lange Dankesrede und schloß mit dem Satz: »Der Nakorsaq ist ein viel größerer Zauberer als ich!« Alut übersetzte ins Dänische. Der Doktor lachte, dann ging er wirklich.

Von allen Seiten strömten die Kinder zum Schulhaus, auch Avija und Meqo. Unter ihren Füßen stoben weiße Wollgrasflocken auf. »Guck mal, der gelbe Mohn ist verblüht; er liegt schon auf dem Boden«, meinte Meqo.

»Ja, der Sommer ist vorbei«, murmelte Avija halb für sich. Sie wurde traurig und wußte selbst nicht warum. Vielleicht weil der Sommer hier so kurz war, viel kürzer als in Dänemark, von dem der Lehrer in der Schule so oft erzählte. Ob sie wohl einmal dorthin kommen würde? In das Land, in dem es endlose Grasflächen mit bunten Blumen gab, und Birken, doppelt so hoch wie hier die Häuser . . .

»Da ist Alut«, rief Meqo und stieß die träumende Schwester an. Richtig! Der Bruder arbeitete zwischen Stapeln von Kisten, die sich rings um das Handelshaus stauten. Die neu angekommenen Waren mußten unter Dach gebracht werden, und dabei halfen einige größere Jungen. Sonst wäre der Kaufmann vor dem Winter nicht fertig geworden. Die Schwestern winkten Alut zu, dann traten sie in den großen Schulraum und begrüßten den Lehrer. Mit dem neuen Nakorsaq war auch ein neuer Lehrer mit seiner Frau gekommen. Es war ein großer Mann mit blondem Haar und grauen Augen.

»Ich heiße Hansen«, sagte er. »Das hier ist meine Frau, also Frau Hansen. Sie wird euch Näh- und Handarbeitsstunden geben. Eure Namen schreibe ich mir morgen auf. Heute möchte ich euch nur ein paar Fragen stellen, um zu sehen, was ihr bis jetzt gelernt habt.«

Die Kinder drängten sich auf die Bänke und Stühle.

Dann fragte der Lehrer: »Was wißt ihr denn von eurem Wohnplatz hier? Wo liegt er?«

Avija meldete sich zuerst. So nahm der Lehrer sie auch dran. »Unser Wohnplatz heißt Thule. Thule liegt auf Grönland. Und Grönland ist die größte Insel der Erde.«

»Richtig. Weißt du auch, ob Thule im Norden oder im Süden von Grönland liegt und wie die Hauptstadt von Grönland heißt?«

»Thule liegt ganz im Norden von Grönland, und die grönländische Hauptstadt heißt Godthaab.«

»Das stimmt! Du bist ja klug, und Dänisch kannst du auch schon recht gut. Nun sage es noch auf Eskimoisch, damit die Kleinen es auch hören.«

Avija tat es. »Nun darfst du noch ein Lied vorschlagen, das wir alle zusammen singen wollen!«

Avija errötete vor Freude, als sie so gelobt wurde, aber ein Lied fiel ihr nicht ein. Da flüsterte ihr ein großer Junge zu: »Das Lied vom armen Waisenjungen.« Verlegen sprach es Avija nach.

»Kennen die Kleinen dieses Lied?« wollte der Lehrer wissen.

»Nein, das singen nur die Großen«, hieß es.

»Nun, dann müßt ihr es erst einmal vorsingen«, schlug Herr Hansen vor. Aber dazu kam es nicht, denn Frau Hansen trat mit einem Sack Schiffszwieback in die Stube. »Die Sonne scheint so herrlich, war nicht ein kleiner Ausflug geplant? Den nötigen Proviant habe ich mitgebracht.«

»Ja, das wäre schön«, stimmte der Lehrer zu. »Da lernen wir gleich unsere neue Heimat kennen. Wir wissen von Thule ja noch nichts. Aber ihr müßt uns führen. Wohin wollt ihr?«

»Auf das Thulefjell, zur Knud Rasmussen-Warde«, riefen die Kinder durcheinander.

»Das ist der riesige Maulwurfshügel da mit dem abgeplatteten Gipfel, den wir schon vom Schiff aus gesehen haben«, sagte Herr Hansen zu seiner Frau und zeigte ihr durchs Fenster das Fjell.

»Da müssen wir aber ordentlich klettern!«

So kam es auch. Als der Hang immer steiler aufstieg, blieb Frau Hansen mit den Kleinen zurück. Die Sonne brannte vom Himmel. Herr Hansen kletterte mit den Größeren weiter bis zu einer Steilwand. Hier mußten die Kinder sich gegenseitig hochheben, eines stellte sich auf die Schultern des anderen. Die großen Jungen zogen zuletzt auch Herrn Hansen über den Rand auf die Gipfelfläche des Fjells hinauf.

In einer Verschnaufpause genossen alle wortlos die Aussicht. Es war, als flögen sie hoch über der Erde unter dem Himmel dahin. Dann erklärten die Kinder dem Lehrer die einzelnen Punkte, die man von hier aus sah. »Das ist die Saundersinsel! Das ist der Politikengletscher! Dort unten liegt Thule!«

Klein wie Spielzeug erblickten sie unter sich die Schule, die Kirche, die Handelsstation. Ganz in der Ferne lag die Wetterstation mit ihren acht Holzhäusern und der Flugplatz, auf dem manchmal Flugzeuge landeten.

Wer scharfe Augen besaß, erkannte sogar die Sommerzelte. Auch das Gebell der Hunde hörte man und das Geschrei der Kleinen, die mit Frau Hansen zurückgeblieben waren.

Langsam schlenderten sie zum Westrand des Fjells. Dort stand das Denkmal für Knud Rasmussen: ein hoher Steinberg, aus lauter dicken Blöcken zusammengesetzt. Auf der Vorderseite saß eine Platte mit einer dreizeiligen Inschrift:

Knud Rasmussenmut
Avanerssuarmiut
Erkaissutigssiat.

Avija übersetzte: »Für Knud Rasmussen errichteten die Polareskimos diese Warde.«

»Wer Knud Rasmussen ist, brauche ich euch nicht zu fragen«, sagte Herr Hansen. »Er hat ja Thule gegründet mit Krankenhaus, Handelsstation und Schule und so euch hier im äußersten Norden einen festen Halt gegeben. Wer weiß, wann das war?«

»So vor sechsunddreißig Jahren«, meinte ein Mädchen unsicher.

»Wer weiß es genau?«

Avija dachte nach. »Mein Vater sagte immer, es war 1910.«

»Richtig! Also vor vierzig Jahren.«

Ein gewaltiges Getöse dröhnte in der Ferne. Ein kalbender Gletscher hatte ein Stück seines Eises in das Meer gestürzt. »Es hört sich an wie ein Salut, als feiere die Natur das Andenken des großen Wohltäters«, sagte der Lehrer.

Nachdenklich machte sich die kleine Gesellschaft an den Abstieg. Nach Überwindung der Steilwand ging es in großen Sprüngen mit Lachen und Rufen hinunter, den heimatlichen Zelten entgegen.

Gut gelaunt empfing die Mutter die beiden Mädchen. Alle Sorgenfalten waren aus ihrem Gesicht weggewischt. »Denkt euch, der Vater hat schon zwei Tassen Brühe getrunken! Es geht ihm viel besser!« Über dem Kocher brutzelten die Seekönige, die Alut mitgebracht hatte und erfüllten das Zelt mit ihrem Duft. Avija lief das Wasser im Munde zusammen: endlich einmal etwas anderes als Grütze.

Meqo griff nach ihrer Puppe und setzte sich auf die Pritsche.
Avija holte aus einer versteckten Kiste die letzten Kaffeebohnen und schüttete sie in die Kaffeemühle. »Das wird nur eine dünne Brühe«, meinte sie.

In diesem Augenblick trat Alut herein, beladen mit einem kleinen Sack. »Für meine Arbeit im Laden hat mir Herr Holm ein paar Sachen gegeben«, sagte er und leerte alles auf den Boden aus. Büchsen und Päckchen purzelten durcheinander. Die Schwestern jauchzten laut über die Schätze: Kakao, Milchpulver, Kaffee und Zwieback.

Avija tat gleich noch eine Handvoll brauner Bohnen in die Mühle. Krachend zerbarsten sie zwischen den eisernen Zähnen des Mahlwerks. Ein feiner Duft stieg auf. Alle schnupperten, sie hatten lange keinen Kaffee getrunken. Nur Onkel Unaleq machte ein betrübtes Gesicht.

»Ist denn gar kein Tabak dabei?«

»Den bekommt Alut das nächste Mal«, tröstete Avija den alten Mann. »Aber jetzt muß ich das erst dem Vater erzählen. Der wird sich freuen!«

Als sie in das Nebenzelt trat, saß der Vater in Decken gehüllt auf seiner Bettbank. »Du bist schon auf?« staunte Avija.

»Ja, und ich habe Hunger«, meinte der Vater fröhlich und blickte seine Tochter mit klaren Augen an.

»Alut hat einen Sack voll Essen mitgebracht, und die Mutter kocht gerade Seekönige!«

»Seekönige esse ich für mein Leben gern. Bringe nur einen her!«

Aufgeregt stürzte Avija zur Mutter. »Der Vater hat Hunger und möchte einen Seekönig!«

Eilig nahm die Mutter eine Schüssel, legte einen garen Vogel hinein und tat auch noch einen Zwieback dazu. Das Mädchen rannte damit zurück ins Nebenzelt. Sie traute ihren Augen nicht: der Vater aß mit Appetit den ganzen Seekönig und dazu noch den Zwieback! Dann legte er sich auf seine Pritsche, und Avija deckte ihn mit dem Eisbärenfell zu. Im Augenblick war der Kranke eingeschlafen. Auf Zehen schlich sich das Mädchen hinaus.

Das wurde ein fröhliches Abendessen! Alut brachte den Klapptisch mit den Hockern ins Zelt, die Seekönige prangten in der Mitte, und von der Schneehühnerbrühe war noch so viel da, daß Meqo das Mäulchen überlief, weil sie nicht alles hinunterbrachte. Onkel Unaleq behauptete sogar: »Solchen Kaffee habe ich mindestens ein halbes Jahr nicht getrunken!« Da lachten alle, aber der Onkel blieb dabei.

Auch die kleine Meqo wurde so munter, daß sie gar nicht auf die Schlafbank wollte. »Zuerst muß mir Avija die Geschichte von dem armen Waisenknaben erzählen. Die Großen sollten sie heute in der Schule vorsingen, aber da kam Frau Hansen herein, und so wurde nichts daraus. Ich will aber wissen, was mit dem armen Waisenknaben war!«

Was blieb der Schwester anderes übrig? Während sie die Kleine auszog, in ein warmes Fell wickelte und zudeckte, erzählte sie, wie es dem Waisenknaben auf dieser Welt erging.

»Es war einmal ein armer, elternloser Junge. Mit seiner Pflegemutter hauste er in einer kleinen, kalten Hütte, denn sie hatten nicht einmal Tran für die Lampe und erst recht keinen Spirituskocher wie wir. So suchte sich der Junge oft ein warmes Plätzchen bei den Hunden. Aber wenn jemand mit der Peitsche nach den Hunden schlug, dann bekam auch der Junge sein Teil ab. Vom Essen gab man ihm nur die Knochen zum Abnagen. Beim Spielen warfen ihn die Kinder zu Boden und steckten ihm die Kleider voll Schnee.

Jeder ließ seinen Mutwillen an dem armen Waisenkind aus. Der Junge konnte sich nicht wehren, denn er war klein und blieb klein. Die anderen Kinder wuchsen und wurden größer. Der elternlose Junge aber blieb schwächlich, krank und verwachsen.

Eines Tages wanderte er in die Einsamkeit, stellte sich zwischen zwei Berge und sagte einen Zauberspruch: ›Herr der Stärke, gib mir Kraft!‹ Sogleich erschien ein großes Tier in Wolfsgestalt, und ehe er davonlaufen konnte, schlang das Tier den Schwanz um ihn und warf ihn zu Boden.

Da hörte er es klappern und sah einige Seehundknöchelchen aus seinem Körper herausfallen. Das Tier sagte zu ihm: ›Die haben dein Wachstum aufgehalten, gehe nach Hause; du bist jetzt stark, und kein Mensch wird dir mehr etwas anhaben können.‹

Und richtig! Der Waisenknabe war jetzt so stark, daß er Felsblöcke wie Bälle umherschleudern konnte. Als er zu seinem Wohnplatz kam, wollten die Kinder ihn wieder quälen, aber sie kamen nicht dazu. Denn plötzlich waren drei hungrige Bären da, die es gerade auf die Kinder abgesehen hatten. Alle versuchten zu fliehen. Der Waisenknabe aber packte den ersten Bären und warf ihn gegen eine Eiswand, daß alle Knochen krachten. Ebenso machte er es mit dem zweiten Angreifer, der auch tot liegen blieb. Den dritten Bären aber schleuderte er einem Mann an den Kopf, der ihn immer geprügelt hatte, als er noch klein und schwach war.

Da gerieten alle Leute in Angst. Sie benahmen sich sehr freundlich zu dem Jungen. Der Waisenknabe aber wurde ein großer Jäger. Er blieb dort wohnen, und es gab weit und breit keinen stärkeren Mann als ihn.«

Avija streichelte die kleine Schwester. »Nun mußt du schlafen, Meqo!«

»Ja, aber später heirate ich den Waisenknaben!«

Am nächsten Tage gingen Avija und Meqo wie immer in die Schule. Doch als sie am Mittag nach Hause kamen, fanden sie die Mutter in großer Sorge. »Dem Vater geht es wieder schlechter, er wälzt sich so viel herum«, meinte sie bedrückt. »Die Benze kam heute früh und hat den Arm neu verbunden. Der Vater ist seitdem so unruhig und klagt auch über Schmerzen.«

Sofort lief Avija ins Nebenzelt. Der Kranke hatte die Decke von sich geschoben und hielt den Arm ganz unnatürlich steif weit von sich gestreckt. Als er die Tochter sah, ging ein mühsames Lächeln über sein Gesicht.

»Wo tut es dir denn weh?« wollte Avija wissen. Der Vater ging gar nicht auf die Frage ein.

»Gut, daß du da bist! Heute früh hat die Benze mich verbunden. Irgend etwas muß falsch sein: ich kann es gar nicht mehr aushalten, so drückt es!«

»Laß mich einmal nachsehen«, bat Avija und knüpfte flink den Knoten des Verbands auf. Eilig löste sie den langen Leinenstreifen ab.

»Dachte ich mir's doch«, murmelte sie. »Die Benze hat den Verband viel zu fest gewickelt! Man sieht ja die Eindrücke im Arm von der Binde, und die Schnitte sind ganz zusammengedrückt. Es kann nichts abfließen!«

Die Schnitte, die der Nakorsaq gestern gemacht hatte, öffneten sich. Wieder traten Eiter und Blut aus. Vorsichtig wischte sie mit einem Stück Verbandsgaze den Arm ab, einmal, zweimal, dreimal. Dann legte sie den Verband wieder an, aber lockerer als ihn die Benze geknotet hatte.

»Ah, das tut gut«, flüsterte der Vater.

Avija säuberte noch den Boden, da hob sich die Eingangsklappe, und der Arzt trat ein. Er begrüßte den Vater und lächelte Avija zu. »Da habe ich ja eine neue Krankenschwester. Hast du auch den Verband richtig gewickelt? Nicht zu straff und nicht zu locker? Laß mal sehen!«

Er untersuchte den Arm. »Gut, gut! Du hast das richtige Gefühl für das Wickeln. Ist viel Eiter ausgeflossen?«

»Ja, eine ganze Menge und auch Blut!«

»Hast du keine Angst davor gehabt und dich nicht geekelt?«

»Nein, ich habe dem Vater schon oft geholfen, einen Seehund auszunehmen.«

»Richtig, daran habe ich nicht gedacht. Ich bin ja erst gerade in Thule angekommen und muß noch viel lernen.«

Dann zerschlug der Arzt das Zäpfchen einer Glasröhre und zog die Flüssigkeit in eine kleine Glaspumpe. »Ich gebe dem Vater noch eine Spritze.« Neugierig sah Avija zu, wie die Nadel im Bein des Vaters versank, und der Druck die Flüssigkeit unter die Haut preßte.

»Von nun an verbindest du den Vater. Im Krankenhaus ist jetzt so viel zu tun, daß ich die Benze schwer entbehren kann. Du machst es genausogut. Wie heißt du eigentlich?«

»Ich heiße Avija!«

»Gut, weil du so tüchtig bist, Avija, zeige ich dir gleich noch, wie man das Fieberthermometer handhabt. Du weißt sicher, daß man damit die Temperatur mißt.«

»Das weiß ich, aber die Benze hat mich bis jetzt nicht messen lassen, auch nicht, als meine Schwester Meqo mal krank war.«

Der Doktor überging diese Bemerkung und wandte sich dem Thermometer zu. »Zuerst schlägt man das Quecksilber herunter.« Er schleuderte das Glasstäbchen ein paar Mal nach unten. »Sieh mal, wo die blaue Säule jetzt steht.«

»Bei 35 Grad!«

»So, jetzt stecken wir das Glasröhrchen in die Achselhöhle, natürlich bei dem gesunden Arm, und dort bleibt es fünf Minuten.«

Nun unterhielt sich der Arzt mit dem Mädchen, und bald wußte er um die ganze Familie und ihre Verhältnisse: ein wie großer Fänger der Vater, wie frech die kleine Schwester Meqo war, und welch gute Sachen der Bruder Alut gestern für seine Arbeit bekommen hatte. Die fröhlichen Antworten des Mädchens, ihr frisches Gesicht, ihre warmen dunklen Augen gefielen dem Arzt.

Nun konnten sie das Thermometer hervorholen. Der Kranke dämmerte im Halbschlaf vor sich hin. Avija las ab: 37,8 Grad.

»Das ist für Mittag etwas erhöht, hat aber nichts zu sagen. Heute abend mußt du wieder messen, dann wird die Temperatur bestimmt höher liegen. Keine Sorge, morgen früh ist sie wieder normal. Tritt etwas Besonderes ein, heftige Schmerzen oder Schüttelfrost, dann rufst du mich.«

Avija nickte eifrig. »Ich werde alles so machen, wie du gesagt hast.«

Der Arzt ging. Draußen sagte er zur Mutter, die vor dem Eingang auf ihn gewartet hatte: »Deine Tochter ist tüchtig, keine Krankenschwester könnte es besser machen. Dein Mann wird wieder ganz gesund werden.«

Avija mußte übersetzen, denn die Mutter verstand kein Dänisch. Das Mädchen wurde verlegen, und so übertrug es die Sätze ziemlich frei. »Der Nakorsaq sagt, der Vater würde wieder ganz gesund, und ich könnte schon die Krankenschwester vertreten.« Avija stotterte. Sie schlich sich in die dunkelste Ecke und setzte sich auf eine Kiste. Und doch hätte sie tanzen können vor Freude! Der Vater schien gerettet. Sie war ja sein Liebling! Die Mutter dachte nur an Meqo.

Das amerikanische Schiff

Am nächsten Tag gab Frau Hansen Handarbeitsunterricht in der Schule. Sie hatte Pappkartons neben sich stehen, und die Kinder warteten neugierig, was diesen Schachteln wohl entsteigen würde. Zuerst kamen die Kleinen dran. Die Lehrersfrau zog eine Menge bunter Puppenlappen hervor. Die Augen der Mädchen wurden groß und größer: so leuchtende Stoffe hatten sie noch nie gesehen. »Ehee, ehee«, wunderten sie sich.

Aber als Frau Hansen sagte: »Jede darf sich ein paar Lappen nehmen«, da ging eine wüste Balgerei los. Die großen Mädchen warfen sich dazwischen und sorgten dafür, daß auch die Kleinsten zu ihrem Recht kamen. Frau Hansen verteilte noch Nähnadeln und Garn: »Ihr Großen könnt schon nähen! Jetzt zeigt ihr den Kleinen, wie man eine Nadel einfädelt und kleine Stiche nebeneinander setzt.«

Als die kleine Gesellschaft beschäftigt war, holte Frau Hansen Avija, Puto und Qiajuk zu sich. »Kommt mal her! Ihr seid die drei größten Mädchen, ich werde euch zeigen, wie man häkelt. Oder habt ihr das schon gelernt?«

»Ja, im vergangenen Sommer!«

»Habt ihr auch schon einmal eine Mütze gehäkelt?«

»Nein, nein«, riefen alle drei. »Dazu war keine Zeit mehr!«

Aus den Schachteln quoll weiße, rote und blaue Wolle, dazu kamen noch Häkelnadeln. Die Mädchen klatschten vor Freude in die Hände.

»So, nun paßt auf, jetzt mache ich Luftmaschen.«

»Die kann ich auch machen«, ereiferte sich Avija.

»Paß nur auf, was ich in der nächsten Reihe tue. Das sind feste Maschen.« Avija gab acht. »So, nun versuche es selbst. Soll eigentlich die Mütze für dich sein?«

»Nein, für meine kleine Schwester Meqo zu Weihnachten.«

»Dann muß ich dir kleinere Zahlen aufschreiben.« Frau Hansen notierte auf einem Zettel ein paar Zahlen, gab ihn Avija und wandte sich dann Puto und Qiajuk zu. »Wenn ihr nicht weiter kommt, dann fragt nur!«

Mit der Zunge zwischen den Lippen mühten sich die drei eifrig. Was schadete es, daß die weiße Wolle durch die nicht ganz sauberen Hände fleckig wurde: das ließ sich später auswaschen. Die Hauptsache blieb doch, daß sie jetzt lernten, wie man oben an der Spitze anfing, nach unten zunahm, immer etwas mehr, bis die richtige Rundung herauskam. Viel zu schnell war die schöne Stunde zu Ende.

Später kam der Lehrer mit der Jungensklasse herein. »Wer noch nicht zehn Jahre alt ist, geht jetzt mit meiner Frau in das

Nebenzimmer zur Schreibstunde. Wer noch nicht fließend Dänisch lesen kann, geht ebenfalls zum Schreiben. Mit den anderen will ich nun Zeitungen lesen.«

Avija stieß Puto an und flüsterte: »Sieh mal, wer da alles zum Schreiben geht, weil er noch nicht lesen kann!« Die Mädchen kicherten. Qiajuk wisperte Avija ins Ohr: »Sogar Qatsiaq, die immer so einen großen Mund hat! Aber lesen kann sie nicht!«

Qatsiaq mußte etwas gehört haben. Sie drehte sich empört um und warf den Freundinnen einen finsteren Blick zu. »Na, wartet nur, ich werde euch schon eins auswischen«, sagte dieser Blick.

Der Lehrer verteilte an seine Leseschüler Zeitungen vom Juni 1950. Die Kinder bestaunten die Bilder: welche dünnen Kleider die Frauen und Mädchen in Kopenhagen trugen! Herr Hansen erklärte: »Ende Juni war es in Kopenhagen so heiß, daß die Kinder gar nicht in die Schule gehen konnten, sondern mit ihren Lehrern an den Strand fuhren, um zu baden.«

»Ehee«, wunderten sich die Schüler. Hier in Thule blieb das Wasser auch im Hochsommer eiskalt, selbst wenn das Thermometer auf 16 Grad stieg. Nein, baden konnte man hier nicht. Und jetzt im August wehte schon oft ein eisiger Wind vom Inlandeis herüber, sobald die Sonne tief stand.

Die Bilder in den Zeitungen kannten die Thulekinder seit langem, weil die Eltern ihre Winterhäuser damit austapezierten. Beim Schein der Specklampen hatte Avija die Texte auswendig gelernt. Nun gewannen die kleinen schwarzen Buchstaben auch für die anderen Kinder einen Sinn. Als der Lehrer Avija aufrief, las sie: »Das Alleinrecht des Königlich grönländischen Handels wird aufgehoben. Der Ausbau der Industrie auf Grönland beginnt in naher Zukunft. Man will an der Diskobucht Fischfabriken großen Ausmaßes bauen, um die einheimischen Fischfänge gleich an Ort und Stelle zu verwerten. Auch in kleineren Siedlungen sollen Anlagen zum Einsalzen und Trocknen von Dorsch eingerichtet werden. Für viele Grönländer entstehen auf diese Weise neue Arbeitsplätze. Die Städte Godhavn, Egedesminde, Christianshaab und Jakobshavn werden in den nächsten Jahren ihre Einwohnerzahl verdoppeln.«

»Was ist eine Fabrik«, wollte ein Junge wissen.

»Ihr habt doch schon alle einmal gesehen, wie Fische zurechtgemacht werden. Nun stellt euch ein großes Haus vor, in dem gleichzeitig hundert Leute Fische putzen und sie in Dosen packen.«

»Ist das Fabrikhaus so groß wie die Kirche?«

»Viel größer, wohl fünf Mal so groß.«

»Ehee!«

»Aber nun sagt mal, welche der genannten Städte ihr kennt? Welchen Namen habt ihr schon gehört?«

Puto meldete sich eifrig. »Jakobshavn! Es ist die Hauptstadt Grönlands!«

»Nein, Puto, Jakobshavn ist nicht die Hauptstadt. Die liegt südlicher und heißt Godthaab. Aber du brauchst kein trauriges Gesicht zu machen, Puto. Jakobshavn hat für unser Thule hier auch eine große Bedeutung. Dort hat ein Mann seine Kinderjahre verlebt, ohne den es Thule gar nicht gäbe!«

Schnell hob Avija den Finger. »Knud Rasmussen. Sein Vater war dort an der Kirche Pfarrer.«

»Gut, gut«, meinte Herr Hansen. »Knud Rasmussen studierte später in Kopenhagen, gründete 1910 mit Peter Freuchen zusammen Thule und machte ab 1912 sieben große Expeditionen zur Erforschung der Eskimos. Weiß einer von euch, wohin die letzte Expedition ging?«

Ein Junge hob den Finger. »Rasmussen ist mit Hundeschlitten quer durch ganz Kanada nach Alaska gefahren. Mein Vater ist mit seinem Schlitten dabei gewesen und erzählt immer noch davon. Es ist jetzt fast 30 Jahre her.«

»Richtig, die letzte Expedition dauerte vier Jahre, von 1921 bis 1924. Und nun verteile ich neue Schreibhefte und Bleistifte, und ihr schreibt auf, was ihr von der Geschichte Grönlands wißt. Wer fertig ist, kann nach Hause gehen.«

Viele Kinder kauten an den Bleistiften, sie starrten an die Decke und guckten zum Fenster hinaus. Es fiel ihnen kein Anfang ein. Herr Hansen half nach. »Die ersten eskimoischen Jäger kamen von Amerika an die Westküste Grönlands. Danach erschienen Isländer und siedelten an der Südspitze. Sie nannten die Insel ›Grünes Land‹, woher der heutige Name ›Grönland‹ kommt. Als letzte kamen die Dänen.«

Schließlich brachten die meisten Kinder wenigstens ein paar Sätze zusammen. Aufatmend gaben sie ihre Hefte ab und rannten nach Hause.

Avija ging zum Laden. Sie wollte Alut helfen und sich dabei die neuen Waren ansehen, die das Schiff für die Handelsstation gebracht hatte. Von weitem bemerkte sie schon, daß vor dem Laden eine Anzahl Männer standen und eifrig redeten. Keiner dachte offensichtlich an Einkaufen, alle blickten auf das Meer hinaus. Manche suchten sogar mit Fernrohren den Horizont ab. Auch Alut stand unter der Menge. Avija puffte ihn in die Seite. »Was ist denn? Wonach guckt ihr?«

»Du bist wohl blind! Siehst du wirklich nichts?«

Jetzt entdeckte auch Avija, was die Männer aufregte. Ein schwarzer Punkt bewegte sich da, wo Himmel und Erde zusammenstießen. Ein Schiff, ohne Zweifel ein Schiff, das in die Thulebucht hineinsteuerte! Sollte das die Nora sein, die noch einmal zurückkehrte? Der Punkt wurde größer, jetzt konnte man die Aufbauten erkennen: das war die Nora nicht! Dieses Schiff führte außer einem hohen Steuerhaus zwei kurze, dicke Schornsteine. Die Nora Tikerak besaß nur einen und war bedeutend kleiner. Langsam trieb der Neuankömmling in die Bucht. Im tiefen Wasser fiel der Anker.

Die Männer hatten sich in ihre Kajaks geworfen und umschwärmten den ungewohnten Gast. Das Motorboot legte vom Ufer ab und brachte den Handelsverwalter, die Hauptfänger, den Pfarrer und den Lehrer zum Schiff. Bald kamen sie zurück. Im Nu verbreitete sich die Nachricht, es handle sich um ein amerikanisches Vermessungsschiff, die »Goodspeed«. Ja, der Danebrog mit seinem weißen Kreuz wehte nicht am Heck. Wenn ein leichter Windstoß das Tuch aufbauschte, war deutlich das Sternenbanner zu sehen. Die Leute redeten lange darüber.

»Weißt du, was ein Vermessungsschiff ist«, fragte Avija den Bruder.

»Nein, aber unser Handelsverwalter, Herr Holm, hat mir eben erzählt, die fremden Leute kämen wegen des Flugplatzes und wollten ihn größer machen.«

»Soso«, meinte Avija. Der Flugplatz war ihr gleichgültig. »Nun müssen wir aber weiter auspacken, wir haben schon viel zu viel Zeit verloren durch das Schiff.«

Was da aus den Kisten neues kam: Stoffballen, Kaffeemühlen,

Weckeruhren, Tassen, Streichhölzer, es wollte gar kein Ende nehmen. Fleißig arbeiteten die Geschwister, die Sachen auf den Regalen zu verstauen, während Herr Holm mit einem kleinen Buch und vielen Zetteln in der Hand die Stückzahlen prüfte und aufschrieb. Bis zum Abend war alles in Ordnung. Die Kunden konnten kommen.

Beim Nachtessen quälte Avija die Mutter so lange, bis sie versprach, gleich morgen mittag zum Handelshaus zu gehen und Stoff einzukaufen. »Wenn die Kap Yorker kommen, dann sind die schönsten Sachen fort!«

Am nächsten Tage ging Avija von der Schule nicht nach Hause, sondern wartete vor dem Laden auf die Mutter. Von weitem sah sie die sehnlich Erwartete kommen und lief ihr entgegen. »Es sind so schöne Stoffe da, schnell, schnell!«

»Aber Kind, sei doch nicht so aufgeregt! Es ist ja weit und breit niemand zu sehen!«

Die Mutter hatte recht. Im Laden stand nur eine einzige Frau, die kaufte zwei Tassen und Streichhölzer. Bald war sie fertig und nun kam die Mutter dran. Avija sah an ihrem Anorak herunter. Er war reichlich abgetragen und geflickt, sie mußte unbedingt einen neuen haben. Ihre Kamikken und ihre Fuchsfellhose glänzten noch wie neu: die nötigen Felle beschaffte ja der Vater, wenn er gesund war und auf Jagd gehen konnte. Nur der Anorak bestand aus Stoff und mußte gekauft werden. Freilich, gern gab die Mutter das Geld nicht her.

Doch heute schien alles nach Avijas heimlichem Wunsch zu gehen. Die Mutter verlangte die neuen Anorakstoffe zu sehen. Die Verkäuferin riß vier Ballen aus den Regalen und legte sie auf den Ladentisch. Während die Mutter den Stoff befühlte, sagte

Avija zu der Verkäuferin: »Beim Auspacken ist mir ein blau und rot karierter Stoff aufgefallen, kannst du den mal herholen?«

»Gerne, das ist ein Rest, der reicht aber noch gut für einen Anorak.«

Die Mutter beachtete den herbeigeholten Stoffrest gar nicht. »Gib mir von diesem hier«, meinte sie und zeigte auf einen Ballen. »Gelb ist Meqos Lieblingsfarbe und mir gefällt es auch. Wieviel brauche ich für mich und meine achtjährige Tochter?«

Die Verkäuferin schrieb ein paar Zahlen auf und schnitt den Stoff ab. Die Mutter legte die Bahn zusammen und nahm das Paket unter den Arm. Einwickelpapier gab es hier nicht. Tiefe Enttäuschung malte sich auf Avijas Gesicht. Wieder wurde die Schwester vorgezogen. »Sieh doch mal, Mutter«, bettelte sie, »der Stoff reicht gerade noch für mich! Er ist so schön blau und rot kariert!«

»Und als Rest nicht teuer«, mischte sich die Verkäuferin ein.

»Mein alter Anorak ist ja ganz dünn und überall geflickt und gestopft, den kann ich nicht mehr tragen!«

»Ach, der hält noch lange! Du mußt ihn nur schonen.«

Avija war dem Weinen nahe. Dann schluckte sie ein paar Mal und biß sich auf die Lippen. Niemand sollte merken, wie ihr zumute war. Aber einer hatte es doch gemerkt: Alut. Er ordnete die neu angekommenen Gewehre in den Gewehrständer und hatte alles mit angehört. Er hatte gesehen, wie Avija leer ausgegangen war. Jetzt brachte er eine Leiter und putzte die große Hängelampe. Aus einer Flasche goß er Petroleum auf. Bald würde die Sonne jeden Tag 20 Minuten früher untergehen, da mußte die Lampe in Ordnung sein. »Ich komme heute spät nach Hause«, sagte er zur Mutter. »Es ist noch viel zu tun.«

Die Mutter gab Avija einen Schein. »Bezahle du!« Sie selbst konnte nicht rechnen. Deshalb ging es ihr auch nicht in den Kopf, daß sie einen einzigen Schein hingab und mehrere herausbekam und dazu noch die Ware. Dann traten sie ins Freie.

In der Ferne sahen sie einige Männer gehen. Sie trugen allerlei Geräte und weißrot bemalte Stangen auf den Schultern. »Das sind sicher die Leute von dem Schiff, das gestern gekommen ist«, meinte Avija. Da hörten sie hinter sich Schritte. Der alte Qavigarsuak holte sie ein. Er hatte Knud Rasmussen auf seiner letzten Thule-Expedition begleitet und war mit ihm auf dem Hundeschlitten durch ganz Kanada gefahren. Er hatte auch auf der Rückreise New York und Kopenhagen gesehen. Nun lebte er ganz in seinen Erinnerungen. Es war begreiflich, ihn hatte die Ankunft des amerikanischen Schiffes gewaltig aufgeregt.

»Wollt ihr es nicht einmal ansehen? Ich rudere euch hinüber und bringe euch wieder zurück.«

»Gerne, gerne«, meinte die Mutter. »Aber es darf nicht abfahren, solange wir dort sind.«

Der Alte lachte. »Die meisten fremden Männer sind zum Flugplatz gegangen. Das Schiff kann erst abfahren, wenn sie wieder zurück sind.«

Das war einzusehen. Und so ging es mit Qavigarsuaks großem Boot hinüber, dorthin, wo das Fallreep an Bord hinaufführte. Puto und Qiajuk fuhren auch mit. Den Besucherinnen stand fast der Atem still vor Staunen. Da öffnete sich am Fuß einer kleinen Treppe unter Deck ein Saal mit Tischen, Stühlen und Lampen. Sogar ein Spiegel hing dort. Ein Mann mit goldenen

Bändern am Rock sprach freundliche Worte, von denen die Besucher leider nichts verstanden. Die Mädchen konnten nur Dänisch und der Mann nur Englisch. Aber sie spürten doch, wie freundlich er es meinte. Gleich danach brachte ein Mann in einer weißen Jacke Kakao mit Kuchen und forderte sie durch Gebärden auf, zuzulangen. Puto warf vor Aufregung ihre Tasse um, doch der Mann lachte nur und wischte schnell den braunen See auf.

Schließlich schenkte er der Mutter und dem alten Qavigarsuak zwei Gläschen Likör ein. Der starke, süße Saft verschwand nur zu schnell. Als Qavigarsuak sich auf den Magen klopfte und vor Vergnügen schmatzte, goß der freundliche Mann beiden ein zweites und sogar noch ein drittes Mal ein.

Avija wußte nachher nicht mehr, was sie alles gesehen hatte: den Maschinenraum, Kabinen mit zwei Betten übereinander und eine Küche mit blanken Töpfen. Verwirrt stiegen sie schließlich das Fallreep hinunter. Die Mutter stolperte und mußte sich am Geländer festhalten. Der alte Qavigarsuak ruderte in großen Schlangenlinien bald hierhin, bald dorthin, worüber sich die Mädchen fast ausschütten wollten vor Lachen. Endlich kamen sie doch zum Strande und konnten aussteigen.

Nach vielen Dankesworten verabschiedeten sie sich von Qavigarsuak und machten sich auf den Heimweg. Die Mutter schwankte ein wenig und redete unaufhörlich von dem roten Likör, wie gut er geschmeckt habe und wie freundlich der Mann in der weißen Jacke gewesen wäre.

Als sie endlich zu Hause auf der Pritsche saß, fragte die kleine Meqo eifrig: »Wo hast du denn meinen Anorakstoff?«

O Schrecken! Die Mutter hatte den Stoff verloren. Unter dem

Arm trug sie das Paket nicht mehr, auf dem Tisch lag es nicht, und vor dem Zelt war auch nichts zu finden. Avija legte bestürzt die Hand auf den Mund. »Kannst du dich darauf besinnen, wann du den Stoff noch gehabt hast?«

Die Mutter weinte fast. »Ich glaube am Strand, als wir Qavigarsuaks Boot verließen.«

»Ich gehe sofort und suche danach. Irgendwo muß er ja noch liegen.«

Avija lief hinaus. Zuerst ging sie zu dem Fleischgestell, an dem die Hunde angebunden waren. Sie machte ein Tier los. »Komm, Utaq, du mußt mir suchen helfen, sonst finden wir den Packen nicht. Es wird schon diesig.«

Der Hund sprang an ihr hoch und winselte. »Sicher hast du Hunger«, murmelte sie. Avija kletterte auf das Fleischgestell, aber da war nicht mehr viel zu finden. Endlich geriet ihr ein großer Knochen in die Hand, an dem noch eine Menge Fleisch saß. Sie schnitzelte es mit dem Messer ab. Im Nu hatte Utaq seine Bissen verschlungen. Dann trabten sie beide zum Strand.

Am hellen Tage wäre das Gelb des Stoffes aufgefallen, doch jetzt verschluckte der fallende Abend die Farben. Vom Schiff her schimmerten schon die roten Positionslaternen. Wo mochten sie nur ausgestiegen sein? Qavigarsuak war ja kreuz und quer gerudert.

Avija hielt Utaq ein Tuch der Mutter vor die Nase. »Schnüffle nur tüchtig, Utaq, such, such!« Der Hund nahm die Nase auf den Boden und lief hin und her. Da erklangen Stimmen. Ah, das waren die fremden Männer, die vom Flugplatz zurückkamen mit ihren bunten Stangen auf den Schultern. Sie wollten wohl zu ihrem Schiff hinüberfahren.

Auf einmal blieb Utaq stehen und bellte gewaltig, als riefe er seine Herrin herbei. Avija stürzte zu ihm und schrie vor Freude: da lag der Stoff. Sie nahm ihn auf und streichelte ihren Helfer. Wie wild jagte Utaq am Strand auf und ab. Er wußte sich vor Freude nicht zu lassen. Auch die Männer am Ufer bellte er an. Avija hörte ärgerliche Rufe, dann heulte der Hund; jemand hatte ihn geschlagen.

»Utaq, komm her«, rief das Mädchen. Winselnd kroch der Hund herbei und drängte sich an seine Herrin, als suchte er Schutz.

Eilig machte sich Avija auf den Heimweg, tief in Gedanken, was die fremden Männer eigentlich hier wollten. Alut und Onkel Unaleq kamen ihr entgegen. »Wo bleibst du nur so lange? Wir haben uns Sorgen gemacht. Schließlich sind ja fremde Männer gekommen, und niemand weiß, was für Absichten sie haben!«

Die Familie geriet fast aus dem Häuschen, als Avija eintrat. Der Stoff war gefunden! Die Mutter umarmte sie und Meqo jubelte. Welches Glück, daß der aufregende Tag so gut endete. Nur Unaleq dachte anders: »Warum seid ihr zu den Weißen gegangen? Ihr süßes Gift wird euch noch einmal alle töten!«

Die Sonne sank mit jedem Tag tiefer, und Nebel deckten abends den Strand. Das Vermessungsschiff verschwand so plötzlich wie es gekommen war. Zuletzt hatten die Männer ihre weißroten Stangen sogar am Strand aufgestellt und dort eine Menge kleiner Pfähle eingeschlagen mit zahlenbeschriebenen Täfelchen an den Spitzen. Als die Amerikaner nach ihren Vermessungen abfuhren, wußten die Thuleleute immer noch nicht, was das alles bedeuten sollte. Auch die Dänen schüttelten die Köpfe. »Wozu haben die hier die Gegend vermessen? Grönland gehört doch nicht den Vereinigten Staaten, sondern Dänemark! Und Kopenhagen hat nichts gemeldet!«

Aber dann versank dieses Erlebnis, jedenfalls für die Eskimos, denen andere Sorgen näher lagen. Die alten Leute prophezeiten einen harten Winter, und jede Familie rüstete sich, so gut es ging. Keine Familie blieb in ihrem Zelt, jede zog für die kalten Monate in ein Winterhaus. Diese Winterhäuser führten ihren Namen mit Recht: ihre Wände bestanden aus Steinen mit Holzverkleidung. Ein starkes Dach aus Balken, Felsplatten und Torf deckte sie ab, und außen waren sie meterdick mit Erde angeworfen. Ein langer, niedriger Windfang führte wie ein Korridor in den großen Raum. Nicht einmal der schneidendste Eiswind fand in diesen Wänden eine Ritze.

Je tiefer die Sonne sank, um so gesünder wurde der Vater. Der Nakorsaq war sehr zufrieden mit ihm, wollte ihn aber noch nicht auf die Jagd gehen lassen. Doch eines Tages wurde es dem Vater zu viel. »Nun muß ich wieder hinaus, wir haben unser

Winterhaus herzurichten. Heute nachmittag fangen wir an. Alut und Avija, ihr helft mir dabei. Wir nehmen das Haus vom vergangenen Winter, wenn noch niemand darin wohnt!«

»Nein«, sagten die Geschwister wie aus einem Mund, »die Kap Yorker sind noch nicht da!«

Die Wintersiedlung lag etwas tiefer im Hinterland. Auf dem Wege dorthin wollte Avija vom Vater wissen, weshalb überhaupt die Kap Yorker im Winter nach Thule kämen. »Sie wohnen doch südlich von uns an der Melvillebai und haben es sicher wärmer.«

»Nein, eben nicht. In keine Bucht weit und breit scheint die Sonne so lange wie in unsere Thulebai. Die Melvillebucht steckt den Sommer hindurch voll Packeis. Deshalb können die Kap Yorker nur selten mit ihren Kajaks auf Robben- und Walroßjagd gehen, sie haben eigentlich nur Füchse und Bären. Wovon sollen ihre Lampen brennen, wenn sie keinen Speck haben?«

»Nun, mit Spiritus, wie bei Mutter, wenn du krank bist«, meint Avija.

»Das sagst du so! Für uns ist der Tran von Walen, Walrossen und Seehunden, der im Docht der Lampe aufsteigt und dann mit heller Flamme brennt, die billigste Beleuchtung und die beste Koch- und Heizgelegenheit. Wenn die Mutter das ganze Jahr hindurch den Spirituskocher benutzte...«, der Vater wischte mit der Hand etwas weg, »so viel Spiritus hat ja die Handelsstation gar nicht!«

Die Geschwister lauschten begierig. Der Vater gehörte zum Fängerrat und kannte den ganzen Thuledistrikt wie seine Tasche. Auf seine Angaben konnte man sich verlassen.

Inzwischen kamen sie ans Ziel. »Da sind wir ja! Oh, wie sieht

das Haus aus!« Der Vater machte ein kummervolles Gesicht. Zu Anfang des Sommers hatte er das Dach abgedeckt, damit in der warmen Zeit viel Licht und Sonne in den großen Wohnraum kam. Jetzt lag eine Menge Dreck und hereingewehter Staub in allen Ecken, und die Bretter an den Wänden und auf dem Boden zeigten unzählige Risse.

»Das ist nicht schlimm«, beruhigte Alut. »Morgen bringe ich Kistendeckel mit, dann bessere ich alles aus. Herr Holm hat genug davon.«

Während der Vater und Alut sich daran machten, das Dach wieder zu decken, kehrte Avija den Wohnraum und den langen Eingangskorridor. Auch das Fensterchen über der Tür bekam eine neue Bespannung aus Robbenblase. Bald mußte sich der Vater hinsetzen: sein linker Arm erlahmte. Avija half Alut weiter und reichte ihm Torfklumpen und Rasenstücke an. »Vergeßt nur die Steine nicht«, mahnte der Vater. »Nur ordentlich Steine aufs Dach, sonst weht es der Sturm fort! Und die Herbststürme kommen – ich fühle es in meinem Arm.«

In der Ferne erhob sich ein Brummen, das rasch näher kam. Die drei blickten zum Himmel. Über der Bucht drehten zwei Flugzeuge ein.

»Wohin wollen die«, verwunderte sich der Vater.

»Zum Flugplatz natürlich«, rief Alut und setzte sich in Trab.

»Bist du verrückt! Bleib hier«, schrie Avija. »Wir müssen doch das Dach decken!«

Alut zeigte aufgeregt über die Bodenschwelle, jenseits der die Flugzeuge jetzt einschwebten. »Sie landen! Sie landen! Was mögen sie wohl bringen?«

»Vielleicht die Ablösung der Wetterstation. Hier, nimm mir den Stein ab.«

Das Dach wurde zwar fertig, doch dann war der Bruder nicht mehr zu halten. Eilig rannte er zum Laden, um Herrn Holm zu fragen. Der dänische Handelsbeamte wußte alles, was Thule anging. Nachher erzählte Alut: »Die Flugzeuge haben Maschinen gebracht, um den Flugplatz zu vergrößern: Greifer zum Wegräumen der Steine und Walzen zum Planieren der Landebahn. Deshalb haben die fremden Männer auch das Tal mit dem Flugplatz vermessen!«

Die unbegreiflichen Wörter purzelten nur so aus seinem Mund. Die Eltern und Onkel Unaleq hörten stumm zu. Eine fremde Welt drang auf sie ein, die sie nicht verstanden. Auf ihren Gesichtern lag Angst, Angst vor etwas Unbekanntem, das von irgendwoher aus dem Dunkel auf sie zukam.

Doch der nächste Morgen löste die Sorgen wieder auf. Die Sonne strahlte wie immer in eine vertraute Welt. Die Kinder eilten zur Schule, die Erwachsenen bepackten sich mit den alten Zeitungen und Illustrierten, die das Schiff gebracht hatte, und wanderten zum Winterhaus, um die Wände neu zu tapezieren. Als die Geschwister mittags aus der Schule kamen, beladen mit Kistenbrettern, steckte die Arbeit noch in den Anfängen.

Die Eltern und der Onkel saßen gemütlich vor der Tür in der Sonne und betrachteten eingehend die Bilder auf den Papierseiten. Sie kamen aus dem Staunen gar nicht heraus. Große Steinhäuser, Bäume, Sträucher, sonderbar gekleidete Menschen, Autos, Eisenbahnen – sie konnten sich nicht daran satt sehen. Hier auf dem Papier machte die fremde Welt einen ganz friedlichen Eindruck, man konnte mit der Hand darüberstreichen, und sie hielt still. Ganz anders als die brausenden Maschinen am Himmel mit ohrenbetäubendem Gedonner!

Während die Kinder die mitgebrachte Grütze aßen, sagte der Vater zu Onkel Unaleq: »Weißt du noch, als Qavigarsuak von seiner großen Reise mit Knud Rasmussen zurückkam und uns von New York und Kopenhagen erzählte, da schimpften ihn die meisten einen Lügner. Kein Mensch wollte glauben, daß es solche Dinge gab. Und jetzt sehen wir alles hier auf dem Papier, sogar ein blaues Auto!« Onkel Unaleq hielt das Blatt dicht vor die Augen, um nur ja alle Einzelheiten zu erkennen.

Auch die Mutter hatte ein buntes Bild vor sich: den Platz vor dem Rathaus in Kopenhagen mit seinem Gewimmel von elektrischen Wagen, Autobussen, Fahrrädern und Fußgängern. Links bog der Verkehr in eine Straße mit viergeschossigen Häusern ein. Ein anderes Bild zeigte einen Turm mit grünem Kupfer gedeckt. Andere Straßen waren mit Bäumen bepflanzt.

»Was soll das sein?« fragte die Mutter. Avija übersetzte, was unter dem Bild stand und erklärte die Einzelheiten. Die Mutter griff nach dem nächsten Bild, und Avija selbst vertiefte sich in das bunte Kopenhagen. »Was für Häuser! So riesengroße Bäume! Bei uns sind sie ja nur handhoch! Und da, der große Turm mit der Uhr, neben dem hohen Gebäude.«

»Rathaus«, las Avija vor. Versonnen meinte sie: »Ach, wenn ich dorthin mal könnte. Ich möchte so gerne einen ganz hohen Baum sehen!«

Auf einmal waren die Bilder zu Ende. Alut nahm den Packen illustrierter Blätter an sich und trug ihn ins Haus. »Jetzt müßt ihr arbeiten«, sagte er. »Wände und Boden habe ich ausgebessert mit den Kistendeckeln. Der Kleister ist auch schon angerührt. Nun geht's ans Tapezieren. Vom Bilderbesehen wird unser Haus nicht fertig!«

Aluts Stimme klang ärgerlich. Aber als alle lachten, lachte er mit.

Fröhlich faßte jetzt die ganze Familie mit zu. Bald blickten unzählige Bilder von den Wänden, in der Mitte das bunte Kopenhagen. Die Pritsche im Hintergrund des Raumes, die als Schlafstätte und bei Tage als Sofa diente, glänzte vor Sauberkeit. Neben der linken Pritschenseite, wo die Mutter zu sitzen pflegte, hatte Alut ein starkes Regal aufgeschlagen. Darauf stellte die Mutter die Specklampe, als wollte sie von dem Haus endgültig Besitz ergreifen.

Die Mutter goß aus einer Kanne in die Vertiefung der Schale Tran. Einen Augenblick später riß sie ein Streichholz an und hielt es an den flachen Moosdocht, der aus der runden Schnauze der Lampe hing. Zischend glomm die Flamme auf und verbreitete ein immer helleres Licht in dem dämmrigen Raum. Meqo klatschte in die Hände: »Jetzt können wir richtig umziehen!«

Eilig ging es zurück zu den Sommerzelten. Tassen, Schüsseln, Löffel, Töpfe wurden in Felle verpackt und die Zelte zusammengelegt. Kisten, Pakete, Schlitten und Hunde wanderten zum Winterhaus, dessen Fensterchen über dem Eingang wie ein gelbes Auge in die Landschaft leuchtete.

Gegen Abend war alles an Ort und Stelle, auch Vaters Kajak. Dicke Felle lagen auf der Pritsche. Ein besonderes Abteil war für die Eltern und Onkel Unaleq abgetrennt. Vor dem Eingang stand das Fleischgestell. Es lagen ein paar Knochen darauf.

»Was soll ich nur zum Einzug kochen«, jammerte die Mutter.

»Nimm doch die Seekönige, die Alut neulich vergraben hat«, rief Avija. Schon stürzte sie aus der Tür, Alut hinter ihr her. »Ich gehe mit, du allein kannst den Sack nicht tragen!«

Als die Geschwister mit dem Sack aus Robbenhaut zurückkamen, schlurfte Onkel Unaleq herbei und murmelte mürrisch: »Schade drum! Warum laßt ihr denn die Seekönige nicht gar werden?«

Er zog einen Vogel hervor und schnupperte daran. »Der muß noch lange im Speck und in der Erde liegen, ehe er richtiger Giviaq wird.«

»Die Seekönige sollen auch gar kein Giviaq werden«, antwortete die Mutter, putzte die Vögel und legte sie in den Kochtopf. Bald kräuselte ein würziger Dampf gegen die Decke.

Der Vater starrte nachdenklich auf den kochenden Topf und meinte: »Es wird Zeit, daß die Herbstjagd auf Walrosse aufgeht. Unser Fleischgestell draußen ist leer. Alut, du kannst dich mal erkundigen, wann das Motorboot die Fänger nach der Saundersinsel bringt.«

»Darf ich nicht mitfahren und helfen«, bettelte der Junge.

»Nein, das ist für dich viel zu gefährlich, dazu bist du noch zu jung und unerfahren.«

»Warum jagt ihr denn überhaupt Walrosse, wenn es so gefährlich ist? Können wir nicht mit Seehunden auskommen?« wollte Meqo wissen.

»Nein, leider nicht, nur diese Riesentiere liefern uns so viel Fleisch und Speck, daß kein Haushalt im Winter zu hungern braucht.«

Nun drängten die Geschwister den Vater, zu erzählen. Er dachte nach. »Ihr kennt doch die Saundersinsel, dort wo das Buchteneis aufhört und die offene See beginnt. An dieser Grenze halten sich die Walrosse im Herbst gerne auf.

Das Motorboot der Handelsstation bringt uns Fänger mit den Kajaks zur Insel. Sie dient als Beobachtungsposten: sobald Walrosse auftauchen oder auf einer Eisscholle herantreiben, rast das Motorboot los. Ein großes Stück vor den Tieren hält es an, damit der Lärm des Motors die Walrosse nicht scheu macht. Leise lassen wir Fänger unsere Kajaks ins Wasser und paddeln lautlos an die Kolosse heran, die letzten fünfzig Meter so rasch wie möglich. Dann müssen wir die Harpune werfen, mit so viel Kraft wie jeder im Arm hat. Ein Glück, daß mein linker Arm krank wurde und nicht der rechte, er ist...«

»Trifft die Harpune gleich tödlich?« unterbrach Alut mit glänzenden Augen.

»Kein Gedanke, das ist es ja! Die getroffenen Tiere werfen sich mit Gebrüll auf den Angreifer und wehe dem Kajak, den sie mit ihren Hauern erwischen. Sie reißen Boot und Jäger in Stücke! Deshalb heißt es, so schnell wie es geht, rückwärts paddeln!«

»Und die getroffenen Walrosse?« fragte Avija.

»Die tauchen tief auf den Grund. Aber an der Harpune sitzt ein langer, schmaler Lederriemen. Am Ende dieses Riemens hängt eine luftgefüllte Blase. Der Riemen entrollt sich blitzschnell, und die auf dem Wasser schwimmende Blase zeigt, wo das harpunierte Walroß steckt. So kann es gar nicht entkommen. Sobald es auftaucht, um Luft zu holen, wird es vom Motorboot aus mit Gewehren erschossen und an Land geschleppt. Der glückliche Harpunierer erhält die Hauer, das Herz und ein großes Stück des Rückens. Verstehst du jetzt, was ein Junge alles lernen und können muß, ehe er auf Walroßjagd gehen kann?«

»Aber ich lenke doch meinen Kajak schon so gut wie ein Jäger! Und meine Kenterübungen hast du selbst gelobt! Jedes Mal, wenn ich mit dem Boot umkippte, kam ich auch wieder hoch. Du hast mir nicht ein einziges Mal helfen müssen!« antwortete Alut stolz.

»Stimmt. Vielleicht kommst du im nächsten Jahr mit.«

»Kommen im nächsten Jahr die fremden Männer wieder?« fragte auf einmal Meqo.

Alle starrten die Kleine an. Wie kam sie nur darauf? Was hatten die fremden Männer mit der Walroßjagd zu tun? Warum sollten sie überhaupt wiederkommen? Niemand hatte gehört, daß die Amerikaner zurückkehren würden, nicht einmal Herr Holm. Und Herr Holm wußte doch alles.

Avijas Geburtstag

Als der Lehrer am nächsten Tage die Aufsätze über die Geschichte Grönlands zurückgab, erhielt Avija großes Lob. »Du hast zwar nicht das meiste geschrieben – die Größeren wissen noch mehr über Grönland – aber für deine Altersklasse ist dein Aufsatz der beste. Er ist auch ohne Schreibfehler.«
Avija errötete. Qatsiaq machte große Augen und stieß Puto an: »Hör nur: sie wird immer gelobt. Herr Hansen zieht sie vor!«
Jetzt begann Avija zu lesen: »Erik der Rote war der erste weiße Mann, der nach Grönland kam. Um das Jahr 1000 lebten im Süden unserer Insel Wikinger. Dort gab es damals grüne Wiesen, sogar Schafe konnten gezüchtet werden. Die Wikinger waren große weiße Menschen mit blonden Haaren. Sie gründeten zwei größere Siedlungen und handelten mit Narwalzähnen, Walroßhauern, Pelzen und Leder. Etwa 400 Jahre später sind die Wikinger ausgestorben. Das Klima wurde für sie zu hart. Danach lebten die Eskimos oder Inuit, wie wir uns selbst nennen, wieder allein auf unserer Insel. Später kamen die Dänen in unser Land. Sie blieben im Süden, genau wie die Wikinger, und sind nie nach Thule gekommen. Sie wohnten von Kap Farwell bis zur Diskobucht.

46

Erst im letzten Jahrhundert kamen die Dänen hierher. Mein Großonkel Unaleq mag die weißen Leute nicht. Er sagt, sie hätten uns nichts Gutes gebracht. Doch mein Vater ist anderer Ansicht. Er sagt, die Dänen helfen uns, daß wir nicht hungern. Auch hätten sie uns einen Nakorsaq geschickt, der unsere Kranken heilt. Für die Kinder hätten sie einen Lehrer hierher gebracht, damit sie lesen und schreiben lernen und den alten Leuten die Zeitungen vorlesen können.«

»Sehr schön hast du das geschrieben. Wie alt bist du, Avija?«

»Ich bin zwölf Jahre alt.«

»Sie lügt«, rief Qatsiaq, »wir sind im gleichen Jahr geboren, und ich bin dreizehn!«

»Sie wird in drei Tagen dreizehn, und dann ist sie so alt wie wir«, ergänzte Puto.

»Also«, beruhigte der Lehrer, »dann ist Avija heute noch zwölf Jahre alt. Jedenfalls lügt sie nicht.«

Qatsiaq machte ein böses Gesicht und murrte leise: »Immer bekommt Avija recht, ständig wird sie vorgezogen!«

Aber das war noch nicht alles. In der darauffolgenden Stunde bei Frau Hansen ging das Häkeln weiter. »Warum häkelst du denn die Mütze nicht für dich«, fragte die Lehrerin Avija.

»Meine kleine Schwester Meqo erkältet sich leicht, sogar im Sommer. Sie braucht die Mütze nötiger als ich.«

»Das ist aber lieb von dir!«

Qatsiaq murmelte vor sich hin. »Natürlich, sie ist immer die Beste!«

Frau Hansen tat, als hörte sie nicht, aber Avija hatte es gehört und nahm sich vor, Qatsiaq nicht zu ihrem Geburtstag einzuladen, nur Puto und Qiajuk.

Tags darauf hielten die Fänger von Thule bei Herrn Holm einen Rat ab und beschlossen, morgen mittag zur Herbstjagd auf die Saundersinsel zu fahren. Da gab es noch zu nähen und auszubessern, denn der Vater mußte Bärenfellhosen, lange Stiefel, Seehundsjacken, Kapuzen und Fäustlinge mitbekommen. Nirgendwo durfte auch nur die kleinste Naht aufgeplatzt sein. Anfangs half Avija der Mutter fleißig. Aber als sie sich mehrmals in den Finger stach, holte sie sich Verbandsgaze und wickelte sie um den blutenden Finger. Die Mutter schalt. »Was soll denn dieser Unsinn bei einer solchen Kleinigkeit, arbeite nur weiter!«

Als aber Avija noch ein Fell weichkauen mußte, hörte sie mitten in der Arbeit auf. Die Mutter schimpfte, doch die Tochter zog ein trotziges Gesicht. »Ich mag nicht mehr«, erklärte sie und legte sich auf die Pritsche. Undeutlich hörte sie noch das Murmeln der Erwachsenen und Meqos Lachen. Dann schlief sie ein.

Träume entführten sie an fremde Orte, nicht auf die Saundersinsel, die sie nie gesehen hatte, sondern nach Kopenhagen, mitten vor das Rathaus. Sie fühlte sich keinen Augenblick fremd und spazierte langsam über den großen Platz. Da leuchtete die Riesenuhr – sie zeigte gerade die dritte Stunde – und nun ging es in die Straße mit den ungeheuren Bäumen, ganz andere Bäume als die winzigen Birken in Thule, die kaum bis zum Knie reichten. Viele Menschen liefen mit ihr auf der Straße, aber keiner achtete auf sie. Sie blickte an sich hinunter und erschrak: ihre Kamikken fehlten. Mit nackten Beinen ging sie durch Kopenhagen und die Leute merkten es nicht einmal. Plötzlich saß sie mitten auf der Straße in einem Kajak, der wie wild dahinschoß. Sie klammerte sich an und wollte um Hilfe rufen, doch kein Laut kam aus ihrer Kehle. Von einem hohen Turm klang ein blechernes Gerassel – da erwachte sie und die Traumbilder zerstoben. Avija besann sich: der Lichtschimmer, der durch das kleine Fenster fiel, erhellte schwach das elterliche Winterhaus. Auf dem Küchenbrett rasselte der Wecker, jemand mußte ihn aufgezogen haben. Kopenhagen war endlos weit. – Bald fielen ihr beim gleichmäßigen Schnarchen Onkel Unaleqs die Augen wieder zu.

Am nächsten Mittag fuhr das Motorboot mit den Fängern und dem Vater ab. Bis an den Bord lag es im Wasser, beladen mit Kajaks, Vorratssäcken, Zelten, Männern und Gewehren. Vom Strande her winkten die Thuleleute. Avija und Alut kletterten halbwegs aufs Thulefjell und sahen dem Boot nach, bis es im Schatten der Saundersinsel verschwand.

Auf dem Heimweg verließ Alut seine Schwester. »Ich muß noch einmal in den Laden zu Herrn Holm, ich habe noch etwas vergessen.«

So ging Avija allein nach Hause. Morgen war ihr Geburtstag. Für den Nachmittag hatte sie ihre Freundinnen eingeladen. Dabei war es sonderbar genug zugegangen. Natürlich hatten Puto und Qiajuk sofort gesagt: »Quajanaq-suak«, vielen Dank, aber im gleichen Augenblick ergänzte die plötzlich auftauchende Qatsiaq: »Itlitlu«, gleichfalls vielen Dank! Avija war so überrascht, daß sie gar nichts sagen konnte. Sie hatte Qatsiaq gar nicht gemeint! Wo war die bloß so schnell hergekommen? Jetzt würde diese neidische und ständig stichelnde Schielerin auch erscheinen!

Als Avija durch den langen Gang in den Wohnraum kroch, roch es nach frischem Kuchen. Richtig! Über der Specklampe baumelte die blecherne Backform. Der Nachmittag ging mit allerlei Vorbereitungen hin.

Kurz vor der Dämmerung verließ Avija das Haus, um den Hunden Futter zu bringen. Sie sah Alut neben dem Fleischgestell arbeiten. Die Hunde tobten wie besessen an ihren Riemen. Avija trat näher und blieb wie angewurzelt stehen. »Ein Seehund, ein Seehund«, rief sie laut.

Der Bruder war den ganzen Nachmittag hindurch unsichtbar gewesen, jetzt hatte er eine Ringelrobbe vor sich und führte gerade mit seinem Messer einen Schnitt vom Kinn des Tieres bis zum Schwanz.

»Wo hast du denn die Robbe her? Hast du sie selbst gefangen?«

»Ja! Der Vater hätte es doch nie erlaubt. Aber jetzt habe ich seine Abwesenheit benutzt und bin mit meinem Kajak losgefahren. Die Robbe tauchte so kurz vor mir auf, als ich lautlos dahintrieb, daß die Harpune gar nicht daneben gehen konnte!«

Avija rannte ins Haus zurück, so schnell sie durch den engen Gang kam. »Alut hat eine Robbe gefangen! Alut hat eine Robbe gefangen!«

Die ganze Familie geriet in Aufruhr. Alle drängten sich hinaus, staunten und beglückwünschten den Jungen. Im Nu erfuhren auch die Nachbarn davon und liefen jubelnd herbei.

Alle halfen, das Fell abzuziehen. Schnell war die Beute zerlegt. Den Hunden flogen dicke Speckbrocken zu, die schon in der Luft aufgeschnappt wurden. Das Haus barst fast vor Menschen. Die Mutter zündete noch zwei Specklampen an, um in drei Töpfen kochen zu können. Strahlende Helle ließ die Bilder an den Wänden aufleuchten. Jeder kaute an einem Stück roher Speckhaut, das mit dem Messer vor dem Mund abgeschnitten wurde. Unermüdlich brodelten die Töpfe, und Massen von Fleisch verschwanden im Handumdrehen. Immer wieder gedachte man des Vaters auf der fernen Saundersinsel, der das Jagdglück seines Sohnes nicht mitfeiern konnte; doch niemand machte deswegen eine Pause im Essen.

Endlich ließ Onkel Unaleq sein Messer sinken und stöhnte: »Davon werde ich noch lange träumen!« Die Besucher wurden ganz ausgelassen: einige schlugen ihre Handtrommeln, andere raspelten auf Kämmen, der Onkel trompetete auf dem Lauf einer alten Schrotflinte, schließlich fiel der Wecker vom Brett, zum Glück einer Frau in den Schoß, wo er weiter tickte.

Gelächter brauste auf, daß fast die Blase im Fenster zersprang. Lieder erklangen, natürlich Jagdlieder zu Ehren des Jägers. Gleich im ersten kam ein Fuchs vor, ein wandernder Fuchs, und weil Alut doch eine Robbe erlegt hatte und keinen Fuchs, ging das Gelächter wieder los. Kein Mensch wußte so recht, wann das tosende Fest zu Ende war, wann die Gäste sich allmählich verloren und wann die Familie endlich auf die Pritsche kam.

Als alle sich verabschiedet hatten, meinte Avija schließlich: »So einen schönen Geburtstag habe ich noch nie erlebt!«

»Aber du Dummerchen«, widersprach die Mutter, »dein Geburtstag ist doch erst morgen.«

»Morgen?« Avija machte ein verblüfftes Gesicht. Da lachten alle noch einmal und Avija lachte selbst mit, daß die Pritsche wackelte. Natürlich: morgen kamen erst die Freundinnen, und auch Qatsiaq.

Der nächste Morgen überraschte Avija mit vielen Geschenken von allen Seiten. Onkel Unaleq kam mit einer kleinen Kiste, in der es winselte. Avija blickte hinein: da lagen zwei niedliche, kleine Hunde. »Den schwarzweißen schenke ich, der braunweiße kommt von deinem Vater!« Avija klatschte vor Freude in die Hände und streichelte die Pelzknäuel. Der eine lutschte an ihren Fingern. »Sie haben Hunger, ich muß ihnen gleich eine Suppe kochen!«

»Das brauchst du nicht, die Suppe ist längst fertig«, rief die Mutter. »Hier hast du eine Tasse voll!«

Nun gaben alle Avija die Hand, wie man es von den Dänen gelernt hatte, und gratulierten: die Mutter, Meqo und Alut. Der Bruder legte ein Paket in die Arme der Schwester. Ein in Papier eingewickeltes Paket war ungewöhnlich in Thule, hier schlug niemand etwas in Papier ein. Aluts Geschenk fühlte sich weich an. Vorsichtig löste das Geburtstagskind die Hülle und schrie auf: da lag der blaurot karierte Anorakstoff, den die Mutter nicht kaufen wollte.

Alut hüstelte verlegen. »Ich habe ihn mit meiner Arbeit im Laden verdient. Jetzt kannst du dir einen neuen Anorak nähen.«

Avija umarmte den Bruder. »Ich freue mich so, ich freue mich so über den Stoff! Mein alter Anorak hat ja fast nur noch Löcher!«

Sie zappelte vor Ungeduld und lief am gleichen Morgen zu Frau Hansen. Die Lehrersfrau hielt heute keine Schule und machte sich gleich daran, den Stoff zuzuschneiden. »Heute zum Geburtstag mußt du natürlich deinen neuen Anorak tragen!«

Unter Frau Hansens geschickten Händen wurde das Stück fast von selbst, und die Nähmaschine rasselte schnell die Nähte her-

unter, die sonst tagelange Handarbeit gekostet hätten. Glück-
strahlend kehrte Avija nach Hause zurück.

Am Nachmittag konnte sie das neue Stück anziehen. Kaum
prangte sie in dem Blaurot, erschienen Puto und Qiajuk. Man
hörte sie schon im Gang rappeln, dann tauchten sie im Wohnraum auf. Sie begrüßten zuerst die Mutter und Onkel Unaleq
und erkundigten sich nach ihrem Befinden. Dann bestellten sie
Grüße ihrer Eltern und erzählten, was diese erlebt hatten.
»Auch der Großmutter geht es gut. Sie kaut augenblicklich
Seehundleder, damit es weich wird. Der Vater hat hin und
wieder Zahnschmerzen.«

Dann erst schüttelten sie Avija die Hand und wünschten ihr
Glück für das neue Lebensjahr. Nun nestelten sie beide an
ihren Kamikken und zogen ihre Geschenke hervor: ein Haarband und einen geschnitzten Holzlöffel. Kaum hatte Avija
ihr »Quajanaq-suak«, vielen Dank, ausgesprochen, da tauchte
auch Qatsiaq aus dem Gang auf. Wie die anderen erkundigte
sie sich nach dem Befinden der Mutter und des Onkels. Dann
brachte sie ihre Glückwünsche an und holte aus ihren Kamikken ein kleines Päckchen hervor.

»Es ist ein Beutel mit Kakao, du darfst ihn nicht umkippen.
Den Beutel muß ich wieder nach Hause bringen, aber das Kakaopulver ist für dich. Auch Zucker habe ich darauf gestreut!«

»Itlitlu, gleichfalls vielen Dank. Ich koche uns davon einen
herrlichen Kakao!«

»Ach nein«, wehrte Qatsiaq ab. »Dafür ist es viel zu wenig.
Das bißchen sollst du allein trinken.«

Aber Avija ließ sich nicht umstimmen. »Auch das wenige tei-
len wir.«

Qatsiaq schaute ganz bestürzt von einem zum andern. Da sie etwas schielte, wußte man nie, wen sie ansah. Doch Puto und Qiajuk schwiegen: Kakao tranken sie nur zu gerne. Die Mutter nahm den Beutel. »Ich werde noch etwas dazu tun«, meinte sie und schüttete eine Handvoll Kakaopulver in eine Tasse. Einen Augenblick sah es aus, als wollte Qatsiaq ihr in den Arm fallen, aber sie ließ es dann doch.

Die Mutter nahm Beutel und Tasse, füllte den Inhalt in einen Topf und goß kochendes Wasser darauf. Dann floß der braune Trank in die Tassen. Die Mutter legte vier große Stücke Kuchen auf den Tisch. Doch Kuchen gab es öfter, Kakao dagegen war etwas Besonderes. Alle redeten davon, wie gut er auf dem Schiff geschmeckt habe. »Ach ja, der schöne Salon, wo Puto ihren Kakao verschüttete.«

Qatsiaq fuhr in die Höhe. »Wo ist meine Tasche?«

»Du hast keine Tasche mitgebracht!«

»Dann habe ich sie zu Hause gelassen oder gar verloren. Ich will schnell mal nachsehen. Entschuldigt bitte!«

Ehe die Freundinnen begriffen hatten, war Qatsiaq verschwunden. »So etwas! Na, laß sie laufen!«

Die Mädchen wandten sich wieder dem Kakao zu, der sich inzwischen abgekühlt hatte. Andächtig nahmen sie den ersten Schluck.

»Pfui«, riefen alle und verzogen das Gesicht. Schnell spuckten sie die Brühe auf den Boden.

»Das schmeckt ja eklig«, schrie Avija. »Mutter, probiere doch mal!«

Der Mutter erging es nicht anders. »In dem Kakao ist Salz, nicht Zucker«, sagte sie. Sprachlos starrten sich alle an. »Das hat Qatsiaq getan. Sie redete ja davon, daß sie Zucker darauf gestreut hätte!«

»Vielleicht hat sie Salz und Zucker verwechselt«, meinte Avija.

»Aber warum ist sie denn fortgelaufen«, fragte Puto. »Nein, das war Absicht, und deshalb sollte Avija auch den Kakao allein trinken!«

»Wir müssen sie verprügeln!«

»Nein, besser sprechen wir nicht mehr mit ihr.«

Die Mutter mußte noch einmal das Geburtstagsgetränk kochen, und so endete Avijas Feiertag doch mit süßem Kakao. Aber mit dem Kakao war der Tag noch nicht zu Ende. Als alle auf der Pritsche schliefen, schlich Avija zu ihrer Kiste und holte sich eine Illustrierte heraus. Alle Blätter, die nicht zum Tapezieren gebraucht worden waren, hatte sie in ihrer Kiste versteckt.

Jetzt lernte sie beim Licht der Specklampe wie im vergangenen Winter die Unterschriften unter den Bildern auswendig. Erst als ihr die Augen zufielen, verbarg sie das Heft unter dem Schlaffell.

Die Jagd bei der Saundersinsel fiel in diesem Herbst schlecht aus. Etwa achtzig Walrosse waren nötig, um alle Familien mit ihren Hunden in Thule über den Winter zu bringen: schließlich kamen ja auch die Leute von Kap York hinzu. Und nun hatten die Jäger mit größter Anstrengung sechzig Tiere zur Strecke gebracht, und die reichten nicht. Die Specklampen brauchten Tran oder Speck von Walen, Walrossen oder Robben. Auch die Fleischgerüste vor den Türen mußten bis zum Bersten vollgepackt werden, denn nicht nur die Menschen, auch die Hunde wollten satt werden.

Der Fängerrat überlegte mit dem Verwalter und Lehrer. »Wir müssen einen Zuschuß haben«, seufzte Herr Holm.

»Als ich auf der Herreise durch Egedesminde kam, lagen dort so viele Wale auf, daß sie kaum mit dem Abspecken fertig wurden«, erinnerte sich der Arzt.

»Hätten wir nur einen hier, aber dazu ist es zu spät!«

Erregte Stimmen widersprachen. »Wir brauchen nichts aus Egedesminde zu holen, das ist viel zu weit, aber wir können nach Norden zur Inglefieldbucht fahren. Dort finden sich immer Narwale oder Weißwale. Erlegen wir einen Wal, dann können wir ihn mit dem großen Motorboot einschleppen.«

»Aber das ist auch zu weit«, meinten andere.

»Vielleicht treffen wir schon unterwegs auf Wale, gleich nördlich von der Saundersinsel. Da wären wir aus aller Not!«

Lange redeten die Männer hin und her. Doch keiner wußte einen besseren Rat, und so blieb es dabei, morgen mit dem Motorboot in Richtung Inglefieldfjord auszulaufen und wenigstens zu versuchen, einen Wal zu harpunieren.

Dieses Mal ließ Alut nicht locker. Er wollte unbedingt mitfahren. Was konnte der Vater dagegen sagen? Der Junge hatte seinen ersten Seehund erlegt und war in die Reihe der Jäger eingerückt.

»Gut«, meinte der Vater schließlich, »du fährst mit, aber ohne Kajak und Harpune! Auf das Wasser kommst du mir nicht! Du darfst nur zusehen!«

Wer war froher als Alut. Als das Boot in die Bucht hinaustuckerte, saß er mit auf Deck. Unablässig wanderten die Ferngläser über die graue, bewegte Fläche. Weit draußen gab der Vater dem Jungen sein Glas, und nun suchte Alut den Horizont ab. Auf der endlosen Wasserwüste tanzten kleine Wellen. Gleichmäßig hämmerte der Motor. Die Männer sprachen kaum ein Wort.

Da! Alut zuckte zusammen. War das eine kurze Welle oder der Kopf eines auftauchenden Wales? Er stellte sein Fernglas schärfer ein. Da war es wieder! Der stumpfe Klotz da und davor der weiße Strich! War das nicht der Zahn eines Narwals?

»Wal! Wal!« schrie er, gleichzeitig mit zwei anderen Männern, die das Tier ebenfalls entdeckt hatten. Sofort wurde der Motor gedrosselt. Mit schwacher Kraft ging es in die neue Richtung. Leise glitten die Kajaks ins Wasser: ein, zwei, drei ... sieben Lederboote. Ohne Geräusch umkreisten sie die Stelle, während das Motorboot mit leise tuckernder Maschine zurückblieb. Ungeübte Augen hätten in dem wässerigen Grau überhaupt nichts entdeckt, doch die eskimoischen Jäger erkannten sogleich den Schatten im Wasser.

Alut fieberte an Deck des Bootes vor Begeisterung. Am liebsten hätte er laut geschrien. Jetzt flog die erste Harpune, gleich darauf noch zwei! Wild tanzten die Luftblasen am Ende der Harpunenriemen auf den Wellen: nun folgten sie dem tauchenden Tier in die Tiefe. Lautes Gebrüll erhob sich: »Ijaijaja, ijaijaja! Der Wal ist getroffen!« Die Jäger rasten und tobten vor Aufregung.

Der Motor wurde wieder auf Touren gebracht. Mit den Kajakmännern, deren Paddel sich eilig hoben und senkten, folgte das Boot dem Wal. Er suchte nach Süden in Richtung auf die Saundersinsel zu entkommen, ab und zu auftauchend. Neue Harpunen flogen, Gewehrschüsse krachten. Endlich, schon in Sicht der Insel, trieb die Beute auf der Oberfläche. Besser konnte es für die Thuleleute gar nicht kommen, denn von hier nach Hause hatten sie es nicht weit. Mit Riemen wurde das Tier an der Seite des Fahrzeuges angelascht, dann keuchte das Boot vorwärts, dem Thulefjell und dem Strande zu.

In der Siedlung hatte man längst gesehen, daß die Jäger zurückkamen und daß ihr Boot schwer zu schleppen hatte. Alles rannte zum Ufer hinunter. Die schwere Handwinde wurde fertiggemacht, um den Riesenkörper so hoch wie möglich auf den Strand zu ziehen. In der Bucht schossen Kajaks hin und her.

Kaum war die Beute hoch gewunden, ging es mit Lachen und Rufen an die Zerlegung des Wales. Es war ein Narwal mit einem meterlangen Stoßzahn. Zuerst wurde die sechs Zentimeter dicke Speckhaut abgehoben. Jeder hatte sofort ein Stück der rohen Haut im Mund und kaute mit Begeisterung darauf herum. »Matak, adolo matak, Speck, mehr Speck«, riefen die Kinder.

In kurzer Zeit war der Wal zerlegt und verteilt. Alle Erwachsenen und auch die großen Kinder arbeiteten eifrig mit. Nur die Kleinen trieben etwas anderes, sie drängten sich um Onkel Unaleq. »Das Wallied, das Wallied«, riefen sie. Da fingen sie auch schon an zu singen:

>	»Das Meer lag blank,
>	wir ruderten hinaus,
>	ein Narwal tauchte auf
>	am Rande des Bootes!
>	Da traf ihn die Harpune!«

»Mache den Wal nach, mache den Wal nach«, bettelten sie, und Onkel Unaleq ließ sich nicht lange bitten. Er füllte seinen Mund mit Wasser und ging mit gebeugtem Rücken und gesenktem Kopf am Strand entlang. In der Hand hielt er eine flache Trommel, beide Arme streckte er nach hinten, so daß die Trommel auf seinem Rücken lag. Dann reckte er den Hals und sprühte das Wasser aus seinem Mund, so ähnlich wie auch die Wale ihren Strahl von sich blasen.

Nun fing er an zu singen und die Kinder stimmten sogleich mit ein:

>	»Ich bin der Wal,
>	der große Wal,
>	der das Wasser teilt,
>	um zu verschnaufen,
>	um Luft auszublasen!«

Dergleichen bildete Onkel Unaleqs ganze Freude. Er war kein geborener Grönländer, sondern stammte aus dem kanadischen Land, jenseits der Baffinbai. Dort war er früher Geisterbeschwörer und Zauberer gewesen. Davon wollten aber die Leute hier in Thule auf Grönland nichts wissen. Sie hatten ihren Lehrer, ihren Pastor und gingen sonntags in die Kirche.

Um so mehr freute es den Alten, wenn er den Kindern noch etwas von den früheren Sitten beibringen konnte. Die Leute ließen ihn gewähren, weil man seine Lieder und die Nachahmung von Walen und Robben für Spiele hielt. Keiner außer Unaleq wußte, daß die Alten damit die Seelen der erlegten Tiere versöhnen wollten. Sie sollten den Menschen nicht böse sein.

Onkel Unaleq vergaß alles um sich herum und fand erst in die Wirklichkeit zurück, als Avija ihn anrief. »Wo sind denn die Säcke, unseren Anteil zu verpacken?«

Onkel Unaleq machte ein verblüfftes Gesicht. »Die Säcke? Die habe ich vergessen!«

»O weh! Was machen wir jetzt? Die Mutter ist ja bei Meqo geblieben, weil sie Halsschmerzen hat, und der Vater ist voraus zur Handelsstation. Die Fänger wollen etwas besprechen.«

Alut wußte Rat. »Paß auf! Du bleibst hier bei unserem Fleisch und Speck stehen, Onkel Unaleq. Inzwischen bringen wir so viel wir tragen können nach Hause. Dann kommen wir mit den Säcken zurück und holen den Rest.«

Eilig zogen die Geschwister ihre Anoraks aus und wickelten tüchtige Lasten Fleisch hinein. »Wie gut, daß ich meinen neuen Anorak nicht anhabe. Der wäre vollständig hin und gänzlich verdreckt«, sagte Avija.

Sie hielt die Stücke fest an sich gepreßt und lief Alut nach. Aber der Bruder war rascher. Sie sah, wie er bei dem Fleischgerüst anlangte, sein Paket hinaufwarf und dann hinaufkletterte, um die Brocken auszupacken und auf dem Gerüst zu verstauen.

Plötzlich umtobten sie fremde Hunde, die der Fleischgeruch angelockt hatte. Avija stolperte vor Schreck und wäre beinahe hingefallen. Ein großer Hund, mit zwei weißen Flecken über den Augen, sprang sie an und entriß ihr ein Fleischstück. »Jetzt ist es aus«, dachte das Mädchen, während es angsterfüllt in die glühenden Augen der Meute starrte. Gellend rief Avija um Hilfe. Ob die Tiere nun erschraken oder ob sie Alut bemerkten, der heruntersprang und mit der Peitsche herbeirannte, sie ließen jedenfalls von ihr ab und jagten dem Weißfleckigen nach. Das Fleisch fiel in dem Gebalge auf den Boden und verschwand im Handumdrehen.

Schnell verstauten die Geschwister das zweite Paket auf dem hohen Gerüst. Sie vergaßen auch ihre eigenen Hunde nicht, die an den Pfosten angebunden waren und mit wildem Gebell gegen die fremden Eindringlinge protestiert hatten. Jetzt zerrten sie jeder an einem eigenen Fleischbrocken.

»Woher mögen die fremden Hunde gekommen sein?« wollte Alut wissen. »Jemand muß sie doch losgebunden haben!«

»Den Weißfleckigen kenne ich, der gehört Qatsiaqs Bruder! Das weiß ich ganz genau! Ich wette, sie hat die Biester mit Absicht losgebunden!« Avijas Stimme bebte vor Empörung.

Alut schüttelte den Kopf. »Das glaube ich nicht. Qatsiaq kann ja gar nicht vorher wissen, wohin ihre Hunde laufen werden. Sie konnten geradesogut jemand anderen anfallen.«

Ein scharfer Pfiff ertönte in der Ferne. Die fremden Hunde ließen von ihrem Gebalge ab und rannten davon. Aber die Geschwister nahmen doch ihre Peitschen mit, als sie mit den Säcken den Anteil des Vaters holten. Dieses Mal ging alles friedlich ab.

Am späten Nachmittag lag das Fleisch geborgen und für Hunde unerreichbar auf dem Gerüst. Die Mutter richtete einen tüchtigen Brocken für das Nachtessen her. Sie zog den Docht in der Specklampe hoch, so daß die Flamme hell aufschlug. Dann hing sie den Topf darüber.

Er schaukelte hin und her und mit ihm wanderten die Schatten an den Wänden und der Decke. Bald fing es über der Lampe an zu brodeln.

Alle schnupperten: ein köstlicher Duft entstieg dem Topf. Wann gab es schon einmal Walfleisch?

Es wurde ein langer Abend. Zunächst berichtete der Vater, die Fänger hätten ihm den Zahn des Narwals zuerkannt, weil er das Unglück mit dem Arm gehabt hätte. Damit zeigte er das kostbare Stück herum: ein meterlanger, aus reinem Elfenbein bestehender Stab, der in eine scharfe Spitze auslief. »Diese Waffe sitzt vorne im Kopf des Tieres, und wehe dem Kajakmann, den der Wal mit diesem Speer angreift«, sagte der Vater. Alle bewunderten den weißen Zahn und probierten mit dem Finger die gefährliche Schärfe.

Dann nahm Onkel Unaleq das Wort. Ihn hatte die Waljagd in helle Aufregung versetzt, alle Erinnerungen an seine Jugend wurden in ihm wach. Er stopfte sich ein Stück heißen Walfleisches in den Mund. »Hm, das schmeckt! Herrlich, herrlich! Sei froh, Avija, daß die Hunde dir nicht noch mehr abgenommen haben. Das kommt nur davon, weil die alten Sitten nicht mehr eingehalten werden. Hätten wir das Walfest richtig gefeiert, dann wären die Hunde gar nicht gekommen!«

Das Mädchen wußte, was der Onkel jetzt erwartete. »Erzähle uns von dem Walfest, Onkel Unaleq«, bat sie. Auch die kleine

Meqo mischte sich ein: »Ja, erzähle von den Mardern!« Sie hatte die Geschichten schon öfter gehört. Der Alte setzte sich zurecht.

»Als du, Avija, noch nicht geboren warst und auch dein Vater noch nicht, da feierten wir in meiner Heimat im Westen für jeden harpunierten Wal das Walfest. Damals kannten wir noch keine weißen Menschen.

Zunächst suchten wir blaue und gelbe Steine, um sie zu zerstoßen und aus den Pulvern Farben zu mischen. Damit wurde die Decke unseres Festhauses blau gemalt wie der Himmel, mit gelben Sternen darin. In einer Ecke unter der blauen Decke hing ein geschnitzter Vogel mit vier Trommeln, auf die er mit seinen Flügeln schlug. Gegenüber lief zwischen den Wänden eine Schnur, sie verband zwei künstliche Marderhöhlen von einem Loch zum anderen.

Auf dem Boden war auch allerlei zu sehen. Da lag einmal ein großer Kreisel, und dann stand auf einem Gestell ein wunderbares Boot, einen Meter lang, und war mit Ruderern und Steuermann besetzt, genau wie in Wirklichkeit.

Am Abend kamen dann alle Einwohner ringsumher in ihren besten Kleidern, auf dem Kopf ein Stück weißes Rentierleder mit einem Bild des Wals.

Sobald alle Gäste da waren, gerieten die Spielzeuge in Bewegung: der Kreisel drehte sich, die Männer in dem Boot schwangen ihre Paddel, der Vogel schlug mit seinen Flügeln auf die Trommeln, daß es klang wie ein fernes Gewitter. Plötzlich guckte der Marder aus seinem Loch. Erst stutzte er, aber dann sprang er auf die Schnur und lief wie der Wind in das gegenüberliegende Loch. Gleich darauf war er wieder da und rannte zurück in seine alte Höhle. Seine Beine flogen nur so durch die Luft, gerade als ob er lebendig wäre.«

Avija und Meqo klatschten begeistert in die Hände. »Ach wenn wir das hier auch hätten!«

»Auch wir wußten uns in unserer Jugend vor Freude nicht zu lassen, wenn all die Spielwerke in Bewegung gerieten«, beteuerte Unaleq. »Erst nach einigen Dankesliedern an die Mutter der Seetiere, durfte das Walfleisch gegessen werden. Aber davon wissen die Leute hier nichts mehr. Die Mutter der Seetiere wird bestimmt zornig sein, weil wir kein Walfest mehr feiern wie früher und gar nicht mehr an die Seelen der Jagdtiere denken. Deshalb haben die Hunde dir auch das Fleisch weggeschnappt, Avija!«

Die kleine Meqo kroch von der Pritsche herunter und kletterte auf des Onkels Schoß. »Erzähle doch etwas von der Mutter der Seetiere«, bat sie.

»Nun, dann seid still und hört zu. Die Mutter der Seetiere heißt Sedna, sie ist eine alte Frau und wohnt auf dem Grunde des Meeres. Von dort aus herrscht sie über alle Wassertiere. Man muß nur die alten Sprüche sagen und sie um Jagdtiere bitten, dann sendet sie den Menschen Wale, Walrosse und Seehunde, soviel sie nötig haben. Ist sie aber zornig, dann hält sie die Tiere zurück und läßt keines an die Oberfläche des Meeres. Die Menschen müssen hungern, frieren und im Dunkel sitzen.«

»So ähnlich wie jetzt«, sagte Avija und blinzelte zum Licht hin, das immer trüber wurde. Alle lachten. Die Mutter goß neuen Tran auf die Lampenschale, und das Licht wurde allmählich wieder heller.

»Avija, hole mir noch eine Tasse Brühe«, bat der Onkel. Er

konnte schlecht kauen und hielt sich deshalb gerne an die Wal-
brühe. Laut schlürfend nahm er einen tüchtigen Schluck und
fuhr dann fort:

»In meiner Heimat mußten alle Frauen einen Stirnschmuck
aus Quarz tragen, sobald die Jagd auf Wale begann. Der Stein
leuchtete in der Dunkelheit und führte die Tiere zu den Menschen.«

»Hatte deine Frau auch einen solchen Schmuck«, wollte Avija
wissen.

»Ja, aber eines Tages hatte sie ihn im Schnee verloren, und wir
fanden ihn auch nicht wieder.«

»Hast du denn danach noch etwas gefangen?« fragte Avija
neugierig.

»Natürlich habe ich viel gefangen, ich war ein großer Fänger.«

»Ich dachte nur, weil der Quarzstein verloren war, wären
keine Tiere mehr zu dir gekommen!«

»Ach so, ja, ja, hm . . .« Der Onkel wurde unsicher. Seine in
lauter Fältchen versunkenen Äuglein gingen ratlos von einem
zum anderen. Dann raffte er sich auf. »Jedenfalls . . . wie das
auch war mit dem Quarz, wir hatten immer zu essen, solange
die alten Sitten eingehalten wurden. War ein Wal harpuniert,
mußten sich die verheirateten Frauen in den Häusern halten
und durften sich nicht im Freien zeigen. Sonst erschrak der Wal.
Sie legten sich auf die Pritsche und lösten alle festgezogenen
Bänder ihrer Kleidung. Damit hinderten sie den Wal daran,
die Harpunenleine abzuwickeln und schließlich auch noch die
Fangblase auf den Grund zu ziehen. Näherten sich die Boote
mit der Beute dem Strand, dann liefen die jungen Mütter dem
Wal so weit ins Wasser entgegen, wie sie Grund hatten. Ihre

Kinder wurden dann gute Walfänger. Am Ufer mußten sich Jungen und Mädchen getrennt aufstellen. Die Fänger warfen ihnen Stücke mit Walhaut zu. Beide Gruppen balgten sich darum und schrien: ›Mehr Matak! Mehr Matak!‹ Die Seele des Wals hat es gern, wenn man um seine Haut kämpft.«

»Aber warum hast du denn heute den Kindern kein Matak zugeworfen?« Avija ließ nicht locker mit ihren Fragen.

Der Onkel kratzte sich am Kopf. »Ja, weshalb eigentlich nicht?« Alle lachten.

»Drei Tage lassen wir jetzt die Arbeit ruhen«, mischte sich Alut ein.

»Und ich koche das Walfleisch niemals mehr auf dem Spiritusbrenner, sondern nur über der Specklampe«, versprach die Mutter lächelnd.

»So muß es auch sein«, bestätigte der Onkel. Er sah auf einmal ganz verträumt aus. »Ja, ja, so haben wir das Walfest gefeiert und nie hat es uns an Jagdglück gefehlt. Jetzt ist alles anders, aber besser ist es nicht geworden! Früher hätten dir die Hunde nicht einen Fetzen Fleisch weggeschnappt!«

»Aber nun auf die Pritsche, sonst erzählst du morgen früh noch, Onkel Unaleq«, mahnte die Mutter. Bald verkündete lautes Schnarchen, daß der Onkel eingeschlafen war. Langsam verglomm auch der Docht der Specklampe, und die Dunkelheit umfing alle, die auf der Pritsche lagen.

Meqo im Krankenhaus

Am nächsten Morgen hustete Meqo heftig. Sie hatte sich in ihrer Begeisterung über Onkel Unaleqs Erzählungen bloßgestrampelt, und ihre Erkältung war schlimmer geworden. »Das Kind hat doch ständig etwas«, seufzte die Mutter. »Ich werde mit ihm zum Krankenhaus gehen und den Nakorsaq fragen.«

Aber als Avija aus der Schule kam, fand sie die Mutter voller Sorgen. »Die Benze hat mich gar nicht hineingelassen. Sie sagte, das bißchen Husten sei nicht so schlimm. Wenn alle erkälteten Kinder ins Krankenhaus gebracht würden, dann müßten sie auf dem Fußboden schlafen, weil so viele Betten gar nicht da wären. Schließlich gab sie mir das da!«

Die Mutter holte eine kleine viereckige Flasche hervor, in der ein dunkelbrauner Saft schimmerte. »Das soll Meqo trinken, ist das richtig? Ich habe so etwas noch nie gesehen!«

Avija nahm das Fläschchen und entzifferte, was auf dem angeklebten Zettelchen stand. Zuerst kamen ganz unverständliche Wörter, dann aber las sie: »Gegen Erkältungskrankheiten. Wenn vom Arzt nicht anders verordnet, dreimal täglich einen Eßlöffel voll.«

Die Mutter hing andächtig an den Lippen der großen Tochter. Im Grunde ihres Herzens war sie stolz auf Avija, die solche kleinen schwarzen Zeichen verstand, bei denen sich doch kein vernünftiger Mensch etwas denken konnte.

»Wir dürfen Meqo ruhig einen Löffel voll geben! Das wird ihr gut tun!« Das Schwesterchen schluckte den Saft gerne und wollte noch mehr. »Süß, süß«, sagte sie.

Die Benze hatte aber wohl ein viel zu schwaches Mittel gewählt. Meqos Erkältung besserte sich nicht. Ihr Köpfchen fing an zu glühen. Gegen Abend beschloß Avija, das Krankenhaus aufzusuchen. Die Mutter wollte mitgehen und Meqo mitnehmen, gut in Felle verpackt, aber Avija wehrte ab. »Am besten bleibt sie im Haus, die kalte Luft draußen macht alles nur noch schlimmer!«

So ging Avija allein.

Vor der Türe, unter dem freien Himmel, herrschte dämmerige Nacht. Morgen und Abend hatten ihren Sinn verloren, denn die Sonne erschien nur noch mittags über dem Horizont, um bald wieder zu versinken. So verwandelte sich der Tag in fast beständige Nacht. Bald würde das Licht ganz verschwinden und dem langen Polardunkel Platz machen. Allerdings breitete sich keine Finsternis aus. Entweder schien der Mond oder Nordlichter tanzten am Himmel und tauchten die Landschaft in geisterhafte Helle, jedenfalls wurde es nie ganz dunkel.

Eilig schritt das Mädchen dem roten Holzhaus zu. Von ferne schon erblickte Avija die erleuchteten Fenster in der Wohnung des Doktors, die auf der Rückseite des Krankenhauses lag. Die Benze öffnete die Tür und führte die Besucherin in die große Wohnstube. Dort saß der Nakorsaq in einem sonderbaren Stuhl mit runden Kufen und schaukelte darin hin und her. Er kannte Avija gleich wieder. »Dein Vater hatte doch den schlimmen Arm?«

»Ja, ich bin Avija.« Der Nakorsaq hatte es im Gedächtnis behalten.

»Das war eine schlimme Geschichte. Ich hatte nicht viel Hoffnung. Und so etwas gleich bei meiner Ankunft! Nun, es ist ja gut gegangen, und du hast mir dabei geholfen, ohne Angst vor Blut und Eiter!«

Die Benze zeigte sich von der freundlichsten Seite. »Dann bist du ja die geborene Krankenschwester. Möchtest du nicht Krankenschwester werden? Tüchtige Schwestern werden immer gebraucht, auch hier. Na, dann setz dich mal hier an den Tisch, ich hole dir etwas Pudding. Den magst du doch?«

Avija riß die Augen auf. Sie gab der Benze gar keine Antwort und starrte den Doktor an. »Krankenschwester? Hier im Krankenhaus? Ach ja, sehr gerne!«

Sie atmete tief. »Komme ich dann auch nach Kopenhagen, wo die großen Bäume auf der Straße stehen?«

Der Nakorsaq lachte. »Natürlich kommst du in eine Stadt zur Ausbildung. An irgendein großes Krankenhaus!«

Da erschien die Benze wieder mit einem Teller voll Pudding. Die Besucherin mußte sich an den Tisch setzen. Vor lauter Überraschung war sie mitten im Zimmer stehen geblieben. Ganz verwirrt griff sie nach dem Löffel. Sie merkte wohl, wie gut der süße Berg auf ihrem Teller schmeckte, aber ihre Gedanken liefen unendlich weit über Eis und Meer: Kopenhagen! Kopenhagen!

Auf einmal riß die Stimme des Nakorsaqs sie aus ihren Träumen. »Weshalb bist du eigentlich gekommen? Ist jemand krank bei euch?«

Mühsam sammelte Avija ihre Gedanken. »Ach so, ja! Meine Schwester Meqo hat wieder einmal eine Erkältung. Sie hustet und ihr Kopf glüht wie die Sonne im Sommer.«

»Da müssen wir zuerst das Fieber messen. Kannst du das?«

»Ja, du hast es mir gezeigt, als der Vater krank war.«

»So, das weiß ich gar nicht mehr. Ich gebe dir das Thermometer mit, und dann kommst du gleich nach dem Messen hierher und sagst mir, wie hoch das Fieber steht.«

Avija dankte, nahm vorsichtig das Schächtelchen mit der Glasröhre und lief im Galopp nach Hause. Kaum war sie durch den langen Gang gekrochen, da sprudelte sie heraus: »Ich werde Krankenschwester, so wie die Benze, denkt euch nur! Der Nakorsaq hat es gesagt!«

Vater, Mutter, Alut und der Onkel machten erstaunte Gesichter und stellten Fragen über Fragen. Die Familie wurde noch aufgeregter als Avija selbst. »Und nach Kopenhagen komme ich auch!«

Alle verstummten. Die ungeheure Neuigkeit überwältigte die Frager. Alut rückte die Specklampe näher an die Wand mit dem bunten Bild.

»Sieh nur hier, Vater, das Rathaus und die Riesenhäuser!«

Avija hatte andere Sorgen. »Ob ich wohl meine Hunde dorthin mitnehmen darf?«

Ein stoßweises, bellendes Husten beendete die Aufregung. Avija schämte sich: fast hätte sie die kranke Schwester vergessen! Schnell nahm sie das Thermometer und schlug es herunter, sorgsam, damit sie das Röhrchen nicht an der niedrigen Decke zerschmetterte. Alle sahen aufmerksam zu. Plötzlich war Avija in ein anderes Licht gerückt. Da stand nicht mehr die Tochter und Schwester, auch nicht mehr ein Schulmädchen; nein, eine neue Avija hantierte da, die niemand bis jetzt gekannt hatte. Nun schob sie Meqo das Röhrchen unter den Arm und deckte die Kleine wieder zu.

Andächtig beobachteten alle, wie Avija nach einiger Zeit das

Thermometer ablas. »38,7«, murmelte sie und verpackte das zerbrechliche Ding wieder. »Ich muß noch einmal zum Nakorsaq und ihm erzählen, welche Zahl ich abgelesen habe.«

Damit verschwand sie und ließ die Familie in großer Verwirrung zurück. Die Mutter überlegte, ob ihre Tochter schon morgen im Krankenhaus arbeiten würde. »Dann verschwindet die unfreundliche Benze, und ich kann sofort zum Nakorsaq.«

Mit Mühe machte Alut der Mutter deutlich, daß es so rasch nicht ginge. »Avija muß doch zuerst die Schule durchmachen und dann sicher lange lernen, bis sie alles weiß von Krankheiten.«

Der Vater und Onkel Unaleq sogen mächtig an ihren Pfeifen, um ihre Aufregung zu verbergen.

Avija erschien wieder: »Der Nakorsaq kommt morgen, bis dahin soll ich Meqo allein behandeln.«

Mit Hilfe der Mutter machte sie der Kleinen einen nassen Halsumschlag. Dann tröpfelte sie aus einem Fläschchen einen hellen Saft auf einen Lappen, 20 Tropfen, und hielt ihn Meqo unter die Nase. Es roch fremd, aber angenehm, und die Kleine sog den Duft ein.

»Und dann noch eins« – Avija wandte sich an den Vater und den Onkel –, »ihr müßt mit dem Rauchen aufhören. Sonst hustet Meqo ständig!«

Ohne ein Widerwort nahmen beide ihre Pfeifen aus dem Mund, schütteten den glimmenden Tabak auf den Boden und traten ihn aus. Was sollten sie auch gegen eine künftige Krankenschwester sagen? Sie wußte eben Dinge über Krankheiten, die auch Onkel Unaleq nicht kannte. Wer hätte gedacht, daß die Kleine etwas Warmes trinken sollte? Die Mutter schlug Kaffee vor, aber Avija schüttelte den Kopf. »Eigentlich wäre Tee gut, doch den haben wir nicht. Wir nehmen dafür Kakao, der ist besser als nichts, Meqo ist auch daran gewöhnt.«

Gehorsam folgte die Mutter den Anordnungen der Tochter. Sie mußten wohl richtiger sein als die mürrischen Anweisungen der Benze, denn als der Nakorsaq am nächsten Morgen kam, ging es Meqo viel besser.

Und doch schien der Arzt nicht zufrieden. Meqo mußte sich aufsetzen, und dann horchte der Nakorsaq den Rücken und die Brust ab. Er steckte sich dabei zwei metallene Zapfen in die Ohren, von denen lange Schnüre zu einer kleinen Dose gingen. Diese Dose setzte er an immer neuen Stellen auf die Haut. Schließlich packte er das Gerät ein und sagte zu Avija: »Heute nachmittag bringst du deine Schwester zum Krankenhaus, sie muß einige Wochen da bleiben. Es kann auch länger dauern. Die Lunge ist angegriffen.«

Avija erschrak. Sie besaß eine dunkle Vorstellung davon, auf was der Nakorsaq anspielte. Im Krankenhaus wohnten fast nur Kinder, und die hatten alle etwas an der Lunge. Im Sommer lagen sie in der offenen Halle an der Ecke des Hauses. Frische Luft und Licht heilte die Krankheit, der endlose dunkle Winter in den engen Häusern machte sie schlimmer. Und jetzt stand der Winter vor der Tür, ohne einen einzigen Sonnenstrahl.

Die Eltern freuten sich, als Avija die Worte des Arztes übersetzte, denn für sie bedeutete das Krankenhaus bei allen Leiden die unfehlbare Hilfe. Meqo selbst benahm sich so geduldig wie alle Eskimokinder. Als sie ihre Puppe mitnehmen durfte, war sie zufrieden.

Die Benze zeigte ein ganz ungewohnt freundliches Gesicht, als sie die neue Patientin sah. Sie ließ sogar die Mutter herein, damit sie wenigstens einen Blick auf Meqos Bett tun konnte. Niemand ahnte, daß der Nakorsaq seiner Helferin den Kopf zurechtgesetzt hatte.

»Wenn dein mürrisches Benehmen nicht aufhört, werfe ich dich hinaus! Dein Gesicht macht ja die Kranken noch kränker!«

Zwölf kurze Gitterbetten standen in dem Raum, mit weiß bezogenen Kissen, Woll- und Felldecken. Bei jedem stand auch ein Tischchen, darauf eine Tasse mit Löffel. Aus fünf Betten lugten Kinderköpfe, als Meqo hereingetragen wurde. Von überall her klang es zutraulich: »Fein, daß du kommst! Nun können wir zusammen spielen!«

Die kleine Patientin streckte sich unter die Decke und zog ihre Puppe fest an sich. Die Mutter bewunderte die weiße Pracht andächtig und ging. Avija blieb da. Da kam auch schon die Benze mit einem Tablett voller Schüsseln, in denen Grütze mit Robbenfleisch dampfte. Avija setzte Meqo hoch und steckte ein Kissen in ihren Rücken. Die Schwester stellte eine Schüssel auf den Schoß der Kleinen und gab ihr den Löffel in die Hand. »Nun iß mal tüchtig, damit du rasch wieder gesund wirst.«

Dann geschah etwas Unglaubliches. Die Benze ging zu einem flachen Kasten mit einem Trichter und hantierte an den Hebeln. Auf einmal erklang Musik aus dem Trichter, eine richtige Stimme, wenn auch anders als die Stimmen der Sänger in Thule. Avija verstand deutlich die Worte:

> Es ist ein herrlich Land,
> das steht mit breiten Buchten
> im Meer am Ostseestrand.
> Das buchtet sich in Berg und Tal
> und es ist Freyas Saal:
> Dänemark ist sein Name!

Das Mädchen kannte nicht alle Wörter, doch die letzte Zeile begriff sie: Dänemark ist sein Name!

Das Schwatzen der kleinen Patienten hatte aufgehört. Ruhig löffelten sie ihre Teller leer. Die Kinder schienen an die Musik gewöhnt, aber Avija und Meqo vergaßen alles um sich her. »Wer singt da«, fragte das Schwesterchen. Avija wußte es nicht: sie sah niemand, sie hörte nur, wie der Gesang aus dem Kasten kam. Sie fragte die Benze: »Welchen Namen hat denn die Musikschachtel?«

»Grammophon«, erklärte die Schwester und mahnte Meqo

streng: »Vergiß das Essen nicht, und lege endlich die Puppe fort!«

»Meine Puppe muß essen«, wehrte sich Meqo. Avija ermunterte die Schwester: »Wenn du jetzt brav deine Suppe ißt, dann erzähle ich dir auch eine Geschichte.«

»Kannst du denn eine Geschichte erzählen? Das kann doch nur Onkel Unaleq!«

»Jetzt ißt du erst, sonst gehe ich sofort weg!«

Als der Teller leer war und das Grammophon schwieg, erzählte Avija wirklich eine Geschichte. Die sechs Kinder lauschten, nicht oft kam jemand, der erzählen konnte.

»Es war einmal ein kleines Mädchen, das hieß genau wie du: Meqo. Es spielte den ganzen Tag mit Puppen und zeigte nie die geringste Lust, seiner Mutter zu helfen. Es wollte sogar nicht essen und auch am Abend nicht auf die Pritsche, sondern nur spielen und spielen. Als es wieder einmal sehr spät war und Meqo nicht gehorchte, legte sich die Mutter allein auf die Pritsche und schlief ein. Auch der Vater und die Geschwister waren schon lange unter die Decken gekrochen. Nur Meqo saß immer noch am Eingangsloch und spielte.

Da stand plötzlich ein Zwerg vor ihr. Seine Nasenlöcher reichten bis an die Ohren. Er sagte zu Meqo: ›Nimm deine Puppe und folge mir.‹

Meqo zog die Kamikken ihrer Mutter an und kroch mit dem Zwerg hinaus. Draußen blieben sie vor dem Abfallhaufen stehen. Wie Meqo so darauf blickte, stand auf einmal ein Haus mit Eingang und einem Fenster darüber an der Stelle. Sie krochen hinein. Drinnen tummelten sich viele Zwerge, die alle mit Puppen spielten. Das war Meqo recht. Sie suchte sich die schönsten

Puppen heraus, zog sie aus und an, fütterte sie und kämmte ihre Haare. Sie spielte Tag und Nacht und hörte nicht auf, ununterbrochen zu spielen.

Als die Eltern am nächsten Tage erwachten, fanden sie Meqo nirgendwo. Bald mußte man sie als tot betrauern. Im Frühling zogen die Eltern in ihr Sommerzelt. Es wurde wieder Winter, die Eltern kehrten in ihr Erdhaus zurück, doch Meqo spielte immer noch mit den Puppen bei den Zwergen unter dem Abfallhaufen.

Eines Abends aber wurde Meqo doch so schrecklich müde, daß sie mit Gähnen gar nicht mehr aufhören konnte. Sie gähnte und gähnte, Mund und Nasenlöcher gingen ihr schon bis an die Augen, doch sie konnte gar nicht aufhören, den Mund aufzureißen. Da verlor sie alle Lust.

›Bringt mich wieder nach Hause zu meinen Eltern‹, bat sie die Zwerge flehentlich. Die Zwerge willigten ein. Am Abend, als die Menschen schliefen, zeigte ihr der Zwerg, der sie hergebracht hatte, den Weg zurück. Meqo eilte in das Haus ihrer Eltern. Sie betrat die Stube, und da wachte die Mutter auf. Erschrocken und freudig zugleich rief sie: ›Bist du es, Meqo? Wo warst du nur so lange? Wir haben dich überall gesucht!‹

›Bei den Zwergen unter dem Abfallhaufen. Da habe ich Tag und Nacht mit Puppen gespielt, immerzu und ohne Aufhören. Aber jetzt bin ich todmüde und will nur noch schlafen!‹

Die Mutter nahm Meqo mit auf die Pritsche und wickelte sie warm ein. Nun konnte das Mädchen schlafen, und es schlief eine Nacht, einen Tag und noch eine Nacht. Als die Ausreißerin endlich erwachte, wurde sie ein fleißiges Mädchen. Sie spielte nur noch mit Puppen, wenn es die Mutter erlaubte.«

Bei den letzten Worten war Meqo eingeschlafen. Leise schlich
Avija hinaus.

Draußen stand schon der Mond am Himmel. Zwischen den
Steinen glitzerten wenige, überfrorene dürre Grashalme. Das
Mädchen summte vor sich hin:

>>Es ist ein herrlich Land,

das steht mit breiten Buchten!

. . .

Dänemark ist sein Name.<<

Allerlei Gedanken gingen ihr durch den Kopf. Wenn sie nach
Kopenhagen kam, mußte sie noch viel besser Dänisch können
als jetzt, sie mußte es ebensogut sprechen wie der Lehrer und
der Kaufmann und die anderen Dänen hier. Könnte sie nur
abends neben der Specklampe lernen! Die Lampe brannte jetzt
die ganze Nacht hindurch. Aber gleich daneben schlief ja die
Mutter.

Als Avija durch den Eingang schlüpfte, fiel ihr etwas ein. So
artig wie möglich sprach sie die Mutter an. >>Ich möchte von
heute ab den Platz neben der Lampe auf der Pritsche haben.<<

>>Aber warum denn? Wozu denn? Das ist doch wirklich unnö-
tig<<, wehrte die Mutter ab, verwundert und ein wenig ärgerlich,
daß sie ihren alten Platz abgeben sollte.

Doch Avija blieb bei ihrer Bitte. >>Dahinten, als letzte auf der
Schlafbank, überhöre ich oft den Wecker, und dann komme ich
zu spät in die Schule. Das geht jetzt nicht mehr. Ich muß noch
viel lernen, bis ich eine richtige Krankenschwester bin.<<

Die Mutter öffnete den Mund und schloß ihn wieder. Verwun-
derung war in ihrem Gesicht abzulesen. >>Ehee<<, sagte sie. Der
Mutter fiel ein, wie oft sie den Wecker überhört und Avija nicht

geweckt hatte. »Nun ja, das hatte ich nicht bedacht. Nimm nur meinen Schlafplatz.«

»Ich gieße auch den Tran auf der Lampe nach«, versprach Avija eifrig. Dankbar blickte sie die Mutter an, seit langer Zeit wieder einmal. Nun konnte sie abends nach Herzenslust in ihren illustrierten Blättern lesen, die fremden Wörter lernen und die Bilder betrachten. Wie die Mädchen in Kopenhagen in kurzen Röcken und mit dünnen Strümpfen umherliefen! Warm mußte es dort sein!

Die Mutter sah die Augen der Tochter, die in irgendeine Ferne blickten. Sie sagte nichts und ließ Avija ruhig die Felle und Decken umräumen. Die Tochter sollte ja eine zweite Benze werden! Es war nicht zu glauben!

Das große Dunkel kommt

»Das große Dunkel kommt, das große Dunkel wird den Strand verschlingen und auch die Häuser der Weißen. Auch die Schule wird es verschlingen. Dann braucht ihr nicht mehr hinzugehen!« So sprach Onkel Unaleq am anderen Morgen, als plötzlich die Welt voller Schnee lag. Er gebrauchte feierliche und drohende Worte, wie eben ein alter Eskimo-Angekok redet.

»Nein«, widersprach Alut, »solange wir im Schulzimmer die große Petroleumlampe haben, kann das Dunkel unsere Schule nicht verschlingen!«

»Ach, ihr lernt da nur dummes Zeug!« Der Onkel murrte vor sich hin.

»Das stimmt aber nicht«, fiel jetzt Avija ein. »Wir lernen lesen und rechnen, und wenn ich später Krankenschwester werden will, muß ich das alles können. Wie soll ich sonst die Rezepte des Nakorsaq verstehen?«

Der Onkel sog an seiner Pfeife. Was sollte er auch sagen?

Zur Schule ging es heute über eine richtige weiße Decke. Es hatte schon öfters geschneit, doch der dünne Flockenschleier war immer wieder verflogen und vom Wind an geschützten Stellen zusammengeblasen worden. Dieses Mal blieb die weiße Pracht liegen – sogar vor der Schultüre.

»Heute scheint die Sonne nur noch 20 Minuten, und morgen verläßt sie uns ganz. Erst im Februar taucht sie wieder auf«, sagte Herr Hansen. Er sah nicht besonders fröhlich aus.

»Dann haben wir den Mond, der uns leuchtet. Und sobald fester Schnee liegt, fahren wir Schlitten, mit zwölf Hunden davor und einer meterlangen Peitsche, daß es nur so pfeift«, freute sich Avija. »Und im nächsten Jahre habe ich schon zwei eigene Hunde für mein Gespann, jetzt sind sie noch zu klein!«

»Soso«, murmelte der Lehrer. Er schien sich nicht so viel aus Schlittenreisen zu machen. Er kannte ja auch den Winter in Thule nicht. Bedächtig schraubte er die Petroleumlampe in die Höhe, damit jeder sein Heft gut sehen konnte. »Na, nun wollen wir uns an unsere Rechenaufgaben machen. Wenn zwölf Hunde einen Schlitten ziehen, wieviel Schlitten können dann einhundertachtzig Hunde ziehen?«

Mit der Zunge zwischen den Lippen und roten Köpfen rechneten die Kinder. Im Nu flog der Morgen dahin.

Am Nachmittag dieses Schneetages sprach die Familie nur von den Verwandten in Kap York. Eine Schwester der Mutter hatte dort einen viel älteren Mann geheiratet und mit ihm noch eine Tochter bekommen. Diese Base, Oline, war in Avijas Alter, und Avija freute sich in jedem Herbst auf ihr Kommen. Im Winter zogen die Leute von Kap York nach Thule, eben weil sie an der Melvillebai keine Robben, Walrosse und Wale jagen konnten. Nur Füchse und Eisbären gab es in Menge.

Wo mochten die Verwandten nur bleiben? Jetzt, nach dem Schneefall, konnten sie doch auf das hohe Inlandeis hinauffahren, und die offenen, gefährlichen Waken im Gletscher waren längst gefroren und fest. Die Reise über das Inlandeis dauerte höchstens acht Stunden. Aber der Tag und die anschließende Nacht vergingen, ohne daß die Kap Yorker erschienen.

Endlich, am Nachmittag des nächsten Tages, erhob sich draußen ein lautes Gebell und Peitschenknallen. Im Hausgang rappelte es, und auf einmal tauchte eine kleine Frau in der Stube auf mit den schönsten Bärenfellhosen und einer herrlichen Blaufuchsjacke, die Kapuze und jede Kante mit Weißfuchspelz besetzt. Hinter ihr kroch ein Mädchen in den Wohnraum.

»Tante Amauglaliq! Oline!« schrie Avija. Alles geriet in Aufregung. Fragen prasselten von allen Seiten: »Woher kommt ihr denn jetzt? Warum kommt ihr so spät? Wo seid ihr so lange geblieben? Wir dachten, ihr wolltet in diesem Winter gar nicht herziehen!«

Die Tante und Oline zogen ihre Kapuzen herunter und lachten, daß man ihre weißen Zähne sah. »Wir mußten doch erst Schnee abwarten, ehe wir mit den schweren Schlitten auf den Gletscher hinaufkamen! Und dann haben wir uns noch bei eurer Wetterstation aufgehalten. Dort trafen wir eine Menge Füchse. Odaq hat sechs Stück geschossen. Aber nun sind wir da! Odaq ist draußen mit unseren Schlitten.« Odaq war der Mann von Tante Amauglaliq.

Sofort krochen der Vater und Alut vor die Tür, um zu helfen, die Hunde abzuschirren und zu versorgen. Die Tiere blieben natürlich draußen. Sobald sie gefressen hatten, vergruben sie sich im Schnee.

In der Stube rührten sich die Hände für die Gäste. Die Mutter füllte zwei Töpfe mit Walherz. Avija drehte die Kaffeemühle. Onkel Unaleq richtete eine zweite Specklampe her. Die halb erfrorenen Reisenden mußten zunächst heißen Kaffee bekommen.

Während die Tante und Oline ihre Fäustlinge auszogen und ihre Pelzjacken ablegten, die sie über ihren Anoraks trugen, berichteten sie von der Reise. »Bei der Wetterstation haben wir ein Zelt aufgeschlagen, um die Füchse abzuziehen und die Felle zu säubern. Ihr könnt euch denken, wie wir gefroren haben! Odaq wollte noch mehr Tiere schießen, denn sie hatten wunderbare Pelze. Aber auf einmal tauchten eine Menge Dänen auf und schimpften ganz furchtbar: wir sollten uns fortscheren und die Füchse in Ruhe lassen. Da versteckten wir die Felle in einer Höhle – auf die schweren Schlitten ging nichts mehr – und haben uns davongemacht!«

Die Mutter und Avija schüttelten sich vor Lachen. »Das konntet ihr ja nicht wissen. Die Dänen und Amerikaner in der Wetterstation füttern die Füchse! Alles was vom Essen übrig bleibt, schütten sie hinaus. Deshalb haben sich sämtliche Füchse weit und breit dort versammelt und ernähren sich von den Küchenresten. Die Dänen wollen nicht, daß ihren Füchsen etwas geschieht!«

Nun lachten auch die Tante und Oline. »Jedenfalls waren wir froh, als wir euer gelbes Fenster leuchten sahen. Wir dachten uns schon, daß ihr das gleiche Winterhaus bewohnt wie im vergangenen Jahr. Wo ist denn Meqo? Sind noch Häuser in der Nähe frei? Woher habt ihr den schönen Holzfußboden?«

Fragen und Antworten flogen hin und her. Strahlende Freude lag auf allen Gesichtern. Avija hatte jetzt eine gleichaltrige Gefährtin in Oline, und die Mutter konnte wieder mit ihrer Schwester reden. Am meisten aber freute sich Onkel Unaleq. Der alte Odaq gehörte zu seinen besten Freunden und ganz sicher zu den berühmtesten Männern im ganzen Bezirk.

Denn von hier aus hatte Admiral Peary seine letzte Reise zum Nordpol angetreten, nur mit Hundeschlitten. Odaq war als junger Mann mit dabei gewesen und auf diese Weise an den Pol gekommen! Er, der letzte noch lebende Teilnehmer dieser berühmten Expedition, hatte an dem Punkt gestanden, wo alle Winde nach Süden wehen. Immer noch erzählte er von diesem Ereignis seines Lebens, und niemand lauschte andächtiger als Onkel Unaleq.

Nun kamen auch die Männer herein. Die Stube barst fast vor Menschen. Das Stimmengeschwirr hob sich. Der kranke Arm des Vaters, die angegriffene Lunge Meqos, der erste Seehund Aluts und Avijas kleine Hunde, der glückliche Walfang und die Fuchspelzballen der Gäste – nichts wurde ausgelassen. Auch nicht der Nakorsaq mit seinen Reden über Avijas künftigen Beruf als Krankenschwester. Die Kaffeetassen kreisten, und die Verwandten staunten, was sich seit dem letzten Winter begeben hatte! Die Erde war förmlich gekentert. Wie sollten sie sich mit all dem Neuen abfinden.

Inzwischen wurde das Walherz weich, ein fetter Duft kitzelte die Nasen. Beim Essen schwiegen alle, bis sie ihre Messer beiseite legten.

»Bei meiner Reise mit Peary haben wir lange nicht so gut gegessen«, erinnerte sich der alte Odaq, »die Amerikaner schleppten unser Essen auf den Schlitten mit. Was wollten sie überhaupt am Nordpol? Lange sind sie nicht mehr hier gewesen.«

»Doch, sie sind wieder da gewesen, kurz bevor der Herbst zu Ende ging«, hieß es von allen Seiten.

»Was«, verwunderten sich die Kap Yorker. »Was wollten sie denn hier?«

»Sie haben den Flugplatz mit farbigen Stangen vermessen. Sogar am Strand haben sie bunte Pflöcke eingeschlagen. Sie kamen mit einem besonderen Schiff, das zwei niedrige Schornsteine trug.«

»Aber was soll das?«

Alut erklärte den Verwandten, was er bei Herrn Holm im Laden und dem Lehrer aufgeschnappt hatte. »Die großen, silbernen Vögel, die ihr am Himmel brummen hört, landen hier in dem großen Tal neben dem Gletscher. Jetzt sollen größere Flugzeuge landen, und dazu ist der Platz zu kurz. Er muß länger werden, damit die schweren Vögel ausrollen können.«

Das verstand kein Mensch. Was sollte »ausrollen« bedeuten? Und was hatte der Flugplatz mit dem Strand zu tun? Dort hatten die Amerikaner ja auch gearbeitet. Das wußte Alut nicht.

Die Verwandten grübelten nicht lange und wandten sich näheren Dingen zu. »Habt ihr noch ein leeres Winterhaus in der Nähe?«

»Ja, hier gleich neben uns!«

»Und woher habt ihr den schönen Holzfußboden?«

»Vom Handelshaus«, sagte Alut. »Morgen hole ich für euch Kistendeckel, und dann dielen wir euer Haus damit. Wir helfen euch beim Tapezieren.«

Neuer Kaffee machte die Runde. Niemand dachte an Schlafen. Als die Rede noch einmal auf das amerikanische Schiff kam, mit seinem schönen Salon, seinem süßen Likör und seinem Kakao, da geriet der alte Odaq tief in seine Erinnerungen.

»Etwas Ähnliches hat auch mein Urgroßvater erlebt mit der ›Isabella‹. Es ist sicher schon über hundert Jahre her. An der Haseninsel sollen damals 25 Walfangschiffe versammelt gewesen sein. Eines Tages erschien die Isabella vor Kap York und warf Anker. Eine Angekokfrau mit Namen Möve hatte die Leute gewarnt: ›Ein großes Boot mit hohen Pfählen kommt vom Meer und bringt uns Unglück.‹ Tatsächlich kam die Isabella an einem schönen Sommertag, die alten Angekoke besaßen eben viel geheimes Wissen. Das Schiff war ein Wunder an Kunstfertigkeit, eine ganze Insel aus Holz, die sich mit weißen Flügeln über das Wasser bewegte und viele Räume in ihrem Bauch barg. Darin waren eine Menge lärmender Menschen. Kleine Boote lagen an Bord des großen Schiffes. Wenn sie mit Männern besetzt zu Wasser gelassen wurden, sah es aus, als bekäme das Ungeheuer lebendige Junge! Mit solchen Worten beschrieb mein Großvater die Isabella. Noch nie hatte er einen Segler in der Nähe gesehen!«

Alle lachten herzlich, denn sie kannten heute die großen Schiffe der Weißen von außen und innen. Odaq fuhr fort. »Die fremde Erscheinung machte meinem Urgroßvater und seinen Leuten zuerst große Angst. Sie glaubten nicht, daß wirkliche Menschen auf dem Schiff wären.«

»Was denn sonst?« fragten Avija und Oline.

»Geister aus der Luft!«

Alle lachten. »Mein Urgroßvater und seine Leute, vor allem aber die Kinder, waren viel zu neugierig, um das Schiff nur aus der Ferne zu beobachten. Sie gingen hinunter zum Strand, um so nahe wie möglich an die schwimmende Insel heranzukommen. Aber da fielen plötzlich die Segel. Das erschreckte die neugierigen Zuschauer so sehr, daß sie schreiend davonliefen.«

Die Hörer wollten sich ausschütten vor Lachen. Es dauerte eine Weile, bis Odaq weitersprechen konnte. »Die Isabella blieb zwei Tage bei Kap York liegen. Einmal hißte sie eine Fahne, auf der Sonne und Mond über einer Hand mit Heidekraut abgebildet waren. Am unteren Ende des Flaggenstockes befestigten sie einen Sack mit Geschenken. Aber unsere Leute blieben ängstlich. Endlich kam ein grönländischer Eskimo vom Schiff zum Strand gerudert, in einem kleinen Kahn, und rief: ›Ich heiße Zachäus! Die Weißen auf dem Schiff sind friedlich! Sie laden euch ein, sie zu besuchen!‹

Da faßten mein Urgroßvater und einige Männer Mut und fuhren mit Zachäus hinüber. Kaum waren sie an Bord, erschien ein Weißer in prächtiger Uniform. Von neuem erschraken unsere Leute und wollten über die Reling ins Wasser springen. Doch Zachäus beruhigte sie: ›Das ist Kapitän Roß. Er trägt die Kriegstracht, als Zeichen seiner Herrschaft über die anderen weißen Männer! Ihr braucht euch nicht zu fürchten!‹

Nun besichtigten die Besucher das Schiff. Zu ihrem Vergnügen ließ man ein Schwein an Deck herumspringen. Ein solches Tier hatten sie noch nie gesehen. Zum Abschluß bewirtete der Kapitän die Besucher noch mit Kakao und Schiffszwieback. Das ist nun schon über hundert Jahre her.«

»Wie sieht ein Schwein aus«, fragten Avija und Alut gleichzeitig. Der Onkel kratzte sich verlegen am Kopf. »Ein lebendes habe ich auch noch nicht gesehen!«

Die Specklampen flackerten tiefer, und die Gäste begannen zu gähnen. Weil die Pritsche nicht Platz für alle hatte, rüsteten die Mutter und Tante Amauglaliq für die Männer ein Lager auf dem Fußboden: Eisbärenfelle in dicken Lagen und ebenso viele dicke Pelze zum Zudecken.

»Das große Dunkel kommt«, murmelte Onkel Unaleq noch einmal. Dann begleitete sein gewaltiges Schnarchen die anderen in den Schlaf.

Am Morgen riß das Rasseln des Weckers die Kinder aus dem Schlaf und trieb sie in die Schule.

Als Avija und Oline zum Strand wanderten, ging gerade über dem Inlandeis der Morgenstern auf. »Sieh nur«, sagte Oline, »es sieht aus, als käme ein Mann mit einer Laterne daher!«

»Da ist euer Winterhaus. Und in was für einem Zustand! Aber keine Angst: Alut und Vater helfen euch. In zwei Tagen könnt ihr einziehen!«

Fröhlich stapften die Mädchen durch den frischen Schnee. »Da ist die Schule, die große Lampe brennt schon. Der neue Lehrer heißt Herr Hansen, und seine Frau unterrichtet uns im Häkeln, Stricken und Nähen. Hast du eigentlich schon eine Wollmütze?«

»Nein, ich kann noch nicht stricken, und nötiger habe ich auch ein Paar Kamikken aus richtigem Robbenleder. Meine sind abgewetzt, und die alten Nähte gehen auf. Aber du weißt ja, bei Kap York gibt es kaum Seehunde!«

Da klang Aluts Stimme, der die Mädchen inzwischen eingeholt hatte. »Ich werde dich schon mit Robbenleder versorgen, keine Sorge. Hier gibt es Seehunde genug.«

Seit seiner ersten Robbe fühlte sich der Bruder als großer Fänger, dem nichts mehr unmöglich war. Oline blickte bewundernd zu ihm auf und dankte herzlich. Sie sah sich schon in neuen Kamikken. Dann traten sie in die Schule.

Herr Hansen wunderte sich. Acht Kinder von Kap Yorker Familien verstärkten jetzt seine Schar. Bänke und Tische wurden eng, auch der Lärm verdoppelte sich. Die Thulekinder regte natürlich die Ankunft der Kap Yorker auf. Fragen und Antworten schwirrten hin und her. Unzählige Male klang das erstaunte »Ehee, ehee«. Herr Hansen konnte sich kaum Ruhe verschaffen.

»Sieh mal, was die für alte und schlechte Kamikken hat«, zischelte Qatsiaq und zeigte auf Oline.

Avija hörte jedes Wort, tat aber, als sei sie taub. Anders Alut. Er fuhr Qatsiaq an: »Halte deinen Mund und kümmere dich um deine eigenen Kamikken!« Qatsiaq schielte an ihm vorbei und maulte: »Ich habe ja gar nichts gesagt!«

Doch da empörten sich die Kinder rings um sie: »Du hast es gesagt! Wir haben es gehört!«

Da erklang Herrn Hansens Stimme. »Nun aber Ruhe, wir wollen mit dem Lesen anfangen.«

Das laute Reden flaute ab, und bald war der Unterricht im Gange wie immer.

Als die Kinder die Schule verließen, gingen Avija und Oline als erste hinaus. »Jetzt braucht sie euch nicht mehr! Jetzt ist ihre Kusine da«, tuschelte Qatsiaq, die neben Puto und Qiajuk sich aus der Tür drängte. Die beiden zuckten zusammen. War nicht ein Körnchen Wahrheit in Qatsiaqs häßlichen Worten?

Aber Qatsiaq hatte noch mehr beobachtet. »Seht nur, Avija trägt wieder ihre Hundefellhose! Meine Mutter sagt immer, es sei eine Schande, eine Hundefellhose zu tragen!«

Avija hatte die letzten giftigen Worte gehört. Mit einem Ruck blieb sie stehen. Dann rannte sie fort, ohne sich um Oline zu bekümmern. Zu Hause war niemand. Avija warf sich auf die Pritsche und weinte. Warum hatte ihr die Mutter die neue Fuchsfellhose fortgenommen?

»Weihnachten darfst du sie wieder anziehen«, hieß es, »die Hose aus Hundefell ist für die Schule gut genug!« Wußte die Mutter denn nicht, welche Schande es war, in einer Hundefellhose herumzulaufen? Qatsiaq hatte ja recht mit ihren bösen

Bemerkungen! Avija weinte sich gründlich aus. Ein tröstender Gedanke ließ schließlich ihre Tränen versiegen: in Kopenhagen brauchte sie so etwas nicht anzuziehen!

Aber würde sie jemals nach Kopenhagen kommen? Was hatten die Freundinnen gesagt? »Du träumst ja, Avija, alle Gehilfinnen des Krankenhauses sind bis jetzt in Grönland ausgebildet worden.« Und die Benze hatte es auch bestätigt...

Aber wenigstens davon träumen wollte Avija.

Die Schlittenfahrt im Schneesturm

Ein Nordlicht hing wie ein riesiger Vorhang vom Himmel. Langsam schlug sein unterer Rand hin und her, die Gegend mit einem geisterhaften Licht überflutend. Nach Westen stand der Schattenriß des Thulefjells wie ein stumpfer Zuckerhut. Niemand beachtete den zauberhaften Anblick. Nur Tante Amauglaliq meinte nüchtern: »Für unseren Einzug können wir die Totenlichter gut gebrauchen.« Die Tante glaubte nicht mehr wie die alten Leute, daß ein Nordlicht immer dann aufflammte, wenn die Toten ihre Feuer umtanzten. Für sie war das Nordlicht eine gute Beleuchtung, sonst nichts.

Das Winterhaus für Onkel Odaq stand jetzt fertig da: den Boden bedeckten Kistendeckel, die Wände waren tapeziert, eine Specklampe baumelte unter der Decke, und eine zweite leuchtete von einem Wandbrett. Im hellen Widerschein von Schnee und Himmel glitten die schweren Schlitten zum neuen Haus hinüber. Alut arbeitete noch an dem Fleischgerüst. Alle Hände griffen zu, die Lasten abzuladen und zu verstauen.

Hundegebell mischte sich in das ferne Brausen des Windes.

Die Kinder arbeiteten mit Begeisterung. Jetzt wurden die Schlitten leer, jetzt konnten sie fahren, soviel sie wollten. Die gut gefütterten Hunde sehnten sich nach Auslauf. Sie hatten es satt, ständig angebunden unter dem Fleischgestell herumzulungern.

Andere Leute dachten wohl ähnlich. »Sieh nur, ein Schlitten!« Oline stieß Avija an. Da kam wirklich ein Schlitten. Ein Mädchen hockte darauf und ließ lustig die Peitsche knallen.

»Aber das sind doch keine Hunde«, meinte Avija. »Im Geschirr laufen ja lauter Kinder!«

Tatsächlich: sieben Jungen und zwei Mädchen zogen den Schlitten, ließen die Zunge heraushängen und hechelten wie richtige Hunde. Über Schneewehen und zwischen Steinen ging es dahin. Plötzlich stand die Fuhre bei dem Fleischgerüst still. Der Kutscher bremste mit den Füßen, sprang ab und knallte noch einmal mit seiner Peitsche.

»Das ist doch Qatsiaq«, verwunderte sich Avija. Jetzt machten sich auch die »Hunde« aus ihren Geschirren los. Zwei Mädchen kamen angelaufen. Es waren Puto und Qiajuk. »Wir spielen Schlittenfahren! Spielt ihr mit?«

»Nein, es geht nicht! Heute zieht Onkel Odaq um, da müssen wir helfen! Vielleicht morgen!«

»Ach wie schade! Wir wechseln immer ab als Kutscher, jetzt komme ich dran«, rief Puto und rannte auf Qatsiaq zu. »Gib deine Peitsche her, ich bin jetzt Kutscher!«

»Nein, ich habe meine Zeit noch nicht abgefahren«, wehrte sich Qatsiaq. Puto versuchte ihr die Peitsche zu entreißen, und im Nu entstand ein mächtiges Gebalge. »Laß los, laß los!«

schrie Puto. »Nein, nein«, hörte man Qatsiaqs Stimme. »Doch! Gib her! Du mußt nun ziehen, voran los!«

Aber Qatsiaq wollte nicht. Sie ließ das Geschirr einfach fallen, und als das Gespann wieder davonjagte, blieb sie zurück. »Immer zanken sie mit mir, immer bin ich an allem schuld«, jammerte sie und weinte.

»Wer weint denn da?« fragte die Tante, aus dem Hause tretend. »Ach du bist es, Qatsiaq!« Sie sah die kleine Gestalt mit den zuckenden Schultern, den schielenden Augen, die so gehetzt von einem zum anderen gingen, und fühlte, daß Qatsiaq mit sich selbst nicht zurechtkam und deswegen auch nicht mit den Spielgefährten. »Komm, hilf uns ein bißchen«, meinte sie, »nachher trinken wir zusammen Kakao.«

Qatsiaq wischte sich die Tränen ab. Dankbar sah sie die Tante an. Sie blieb und half die Sachen hineintragen. Als Tante Amauglaliq schließlich den versprochenen Kakao kochte mit viel Zucker darin, da taute Qatsiaq richtig auf. Sie lief sogar noch mit zum Krankenhaus, wo Onkel Odaqs Familie der kleinen Meqo einen Besuch machen wollte. Avija kam auch mit.

Meqo klatschte vor Freude in die Hände, als Onkel, Tante. Avija, Oline und Qatsiaq eintraten und stürzte vor Aufregung fast aus dem Bett. Tante Amauglaliq schenkte ihr ein hölzernes, rot und blau bemaltes Vögelchen. Der Onkel hatte es geschnitzt. Zog man an einem Faden, dann schlug es mit den Flügeln.

Alle freuten sich mit der Kleinen, bis auf die Benze. Sie wollte Meqo sogar das Spielzeug wegnehmen. »Das Kind schläft sonst nicht!« Aber da widersprachen alle. Meqo versteckte ihr Vögelchen unter der Decke. Dann gingen die Besucher. Vor der Tür des Krankenhauses verabschiedete sich Qatsiaq mit vielen Dankesworten.

Auf dem Heimweg, den das letzte verflackernde Nordlicht erhellte, meinte die Tante zu Avija: »Wie stehst du denn mit dieser Qatsiaq? Ist sie eine Freundin von dir?«

Avija mußte lachen. »Nein, alles andere! Qatsiaq gehört wirklich nicht zu meinen Freundinnen. Sie zankt immerfort und gibt ständig an!«

»Nun, hm. Versuche es doch mal anders. Ich glaube, Qatsiaq leidet an ihrem Schielen und verträgt sich deswegen schlecht mit gleichaltrigen Kindern, die richtig sehen können!«

Avija war so erstaunt, daß sie nichts zu antworten wußte. Daran hatte sie selbst noch nie gedacht. Doch die Tante war mit ihren Gedanken schon einen Schritt weiter. »Nun müssen noch unsere Felle geholt werden, die wir oberhalb der Wetterstation zurückgelassen haben.«

Avija fiel freudig ein: »Die holt Alut, und wir fahren mit. Ich sage Alut gleich Bescheid.«

»Das wäre lieb von euch. Oline kennt die Stelle genau: ihr müßt am Rande des Inlandeises entlangfahren bis dahin, wo der schwarze Felsen durch das Eis bricht und eine kleine Höhle bildet. Ich habe noch eine Stange mit einem blauen Lappen dazugesteckt.«

Die Eltern hatten nichts einzuwenden. Alut verstand es, mit einem Hundegespann umzugehen, und was soll schon bei einer so kleinen Fahrt auf dem Inlandeis passieren?

Der Vater hatte gestern bereits die Kufen mit Torfbrei beschmiert. Jetzt war diese Masse steinhart gefroren, und der Schlitten glitt so leicht dahin wie eine Feder. Als die Hunde sahen, wie der Vater den Schlitten holte, gerieten sie außer sich vor Freude. Endlich wurden sie einmal wieder angespannt und durften sich auslaufen! Sie rasten wie wild durcheinander, balgten sich und heulten, daß es in der ganzen Siedlung widerhallte! Auch die Kleinen, Ikaleq und Qatsiaq, fielen in den Lärm mit ein. Deutlich hörte man ihre schwachen, kindlichen Hundestimmchen aus dem Hausflur schallen.

Die Kinder liefen herbei und knallten mit ihren Peitschen. Die endlos langen Schnüre kreuzten sich in der Luft und verhedderten sich. Mit lautem Geschrei mußten sie entwirrt werden. Und mitten in dem Bellen, Knallen und Rufen suchte Alut seine Hunde anzuschirren.

»Meine zehn sind genug«, rief er. Aber er wäre mit den aufgeregten Tieren nicht fertig geworden ohne die Hilfe des Vaters. Zuerst banden sie eine starke Zugleine an dem Querholz fest, das zwischen den hochgebogenen Kufen saß. Vom Ende dieser dicken Leine legten sie fächerförmig zehn dünnere Zugschnüre aus, kürzere in der Mitte und längere an den Seiten des Fächers. An jeden Zugriemen wurde ein Hund gespannt.

Unermüdlich pfiff Alut das Haltesignal, damit die angeschirrten Hunde sich hinlegten und nicht die Leinen verwickelten und verwirrten. Endlich war es so weit. Der Vater legte eine Felldecke auf den Schlitten. Oline und Avija saßen auf. Alut drückte der Schwester die Peitsche in die Hand: »Hier, halte mal für einen Augenblick, ich will den Schlitten anschieben!«

In diesem Augenblick kam Qatsiaq angelaufen und bat: »Nehmt ihr mich mit?«

»Komm nur, Qatsiaq, es ist noch Platz genug«, lud Avija sie ein. Freudestrahlend saß Qatsiaq auf. Avija deckte sie mit einem Fell gut zu, damit sie nicht in dem schneidenden Fahrtwind fror.

Nun waren die ungeduldigen Hunde nicht mehr zu halten. Alut gab dem Schlitten einen Stoß und sprang auf. Seine Peitsche knallte mächtig, die Hunde legten sich in die Riemen, und fort ging es in einer aufstiebenden Schneewolke. Die Tiere reckten die Köpfe und stimmten das Geheul an, mit dem sie jede Fahrt eröffneten.

Jagende Nebelfetzen verdeckten den Mond und tauchten das Land in eine halbe, ungewisse Dämmerung. Über Stock und Stein raste das Gespann. »Festhalten, festhalten«, schrie Avija. Krachte eine Kufe gegen Steine, dann warf sich der Schlitten auf die Seite und schaukelte wie ein Boot zwischen hohen Wellen. Da sah man auch schon die acht Holzhäuser der Wetterstation über dem Eistal: undeutliche dunkle Kästen. Nun ging es bergan dem Inlandeis zu.

Schließlich wurde die Auffahrt so steil, daß Alut rief: »Alles absteigen!« Er liebte die Hunde und wollte sie nicht über ihre Kräfte anstrengen. So kletterten alle unter Lachen und Rufen den Hang hinan. Oben dehnte sich das ewige Eis bis zum Horizont. Es sah glatt aus wie eine Tischfläche. Doch Alut wußte, welche Tücken hier lauerten, gerade am Rande, an dem sie jetzt entlangfuhren. Da gab es Höhlen, Risse und vor allem Schluchten, die in unergründliche Tiefen abstürzten. Ein ganzer Schlitten mitsamt dem Gespann konnte darin verschwinden!

Alut ließ die Hunde langsam laufen, allein die ausgeruhten Tiere fielen immer wieder in Trab. Ihre Schwänze wehten wie Fahnen, ihre gute Laune hob sich mit jedem Schritt. Wieder wollten sie in Galopp verfallen, da blieben sie plötzlich mit einem Ruck stehen. Ein großer Spalt kreuzte die Fahrbahn. Langsam glitt der Schlitten weiter: seine spiegelglatten Kufen bremste ja nichts.

Die Kinder warfen sich nach rückwärts und dann zur Seite in den Schnee, um den Schlitten zu entlasten und dann festzuhalten. Qatsiaq schrie auf, sie war auf einen Eisbrocken geschlagen. Blut lief über ihr Gesicht. Keiner kümmerte sich darum. Alle packten zu und hielten den Schlitten zurück, damit er nicht über den Rand in den Spalt stürzte.

Die Hündin Quana wurde von dem rutschenden Gefährt in die Tiefe gedrückt. Sie hing in ihrem Geschirr über dem Abgrund und belastete mit ihrem Gewicht das ganze Gespann. Oline und Qatsiaq suchten mit aller Kraft den unmerklich nach vorne gleitenden Schlitten zurückzuziehen. Alut und Avija bemühten sich, die hilflose Hündin an der Zugleine nach oben zu hieven. Die aufgeregten Hunde stießen und drängten durcheinander. Die arme Quana winselte erbärmlich. Sie stemmte ihre Pfoten an den Vorsprüngen der Eiswände ein, rutschte aber immer wieder ab.

»Wir müssen sie abschneiden«, rief Alut.

»Nein, nein«, widersprach Avija. »Es muß noch einer helfen, damit wir sie hochkriegen!«

Sofort überließ Qatsiaq das Festhalten des Schlittens Oline und sprang herbei. Und wirklich: langsam, langsam bewältigten die sechs Kinderhände die Last. Die starke Leine hielt, bis das verunglückte Tier wieder auf dem Eis stand, geschunden und verschrammt, aber ohne Knochenbruch.

Erregt schrien alle durcheinander. »Das ist noch einmal gut gegangen!«

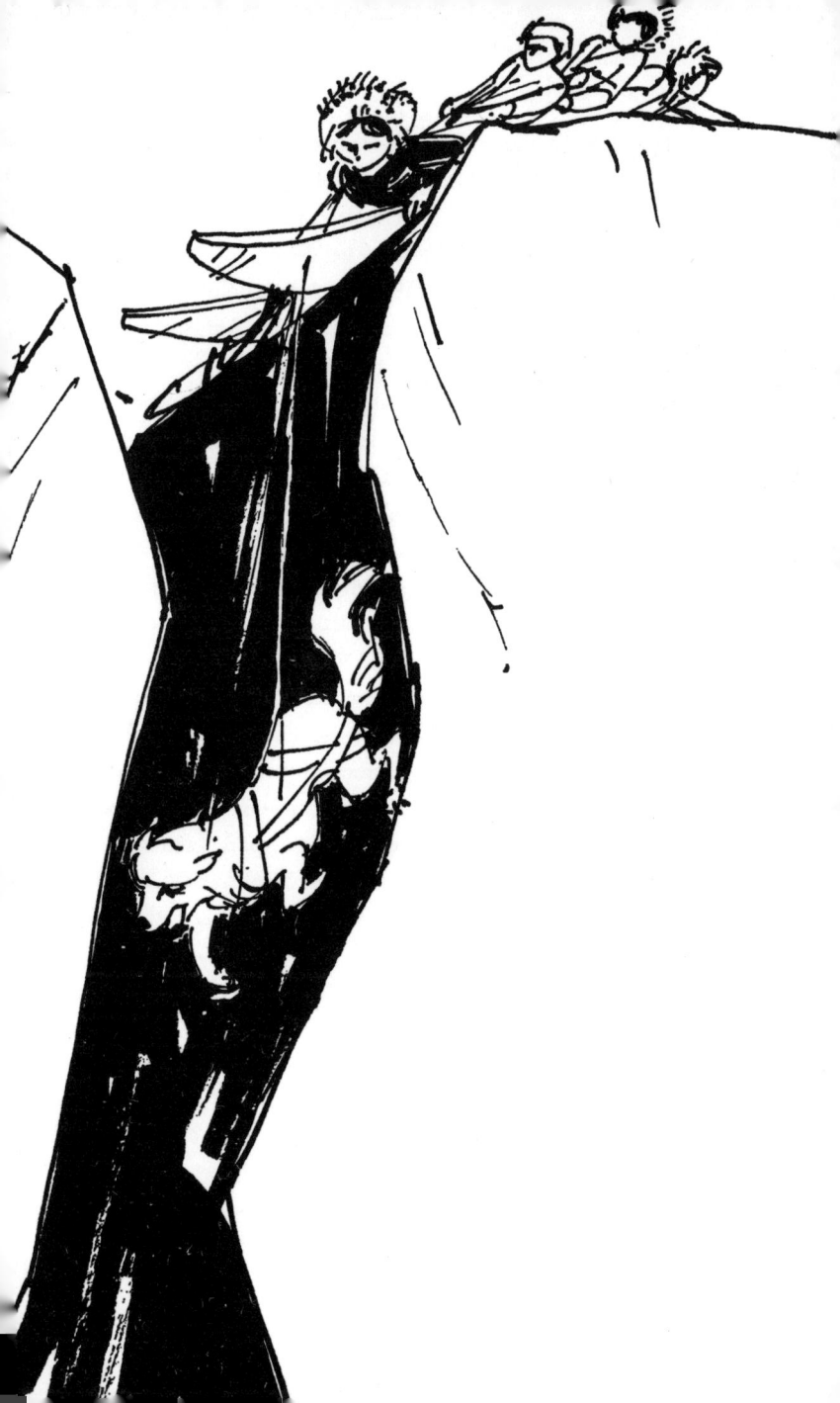

Nun wurde Qatsiaq verbunden mit einem Klebestreifen, den Avija aus ihren Kamikken zog. »Nicht weinen, Qatsiaq, es ist nur eine Schramme!« Alut hänselte die Schwester: »Wie die Benze trägst du schon Heftpflaster bei dir.«

Sie mußten einen Umweg fahren, um die Spalte zu umgehen. Die Aufregung hatte sie unsicher gemacht. Auf einmal sagte Oline: »Jetzt muß unsere Höhle kommen!«

»Ja, ich sehe schon die Fahne mit dem blauen Tuch«, bestätigte Avija. Wie manchmal am Rande des abbrechenden Eises stieß hier der untergründige Fels durch den Gletscher an die Oberfläche und bildete einen dunklen Hügel. Der Wind hatte ihn von Schnee frei gefegt. Der Mund der Höhle in dem Hügel öffnete sich gerade so weit, daß ein Mensch hineinkriechen konnte. »Helft mir mal, den Stein wegzuwälzen, den mein Vater davor gerollt hat«, bat Oline.

Die Kinder mußten alle Kräfte anspannen, den festgefrorenen Block zu bewegen. Endlich wurde der Eingang frei und Oline kroch mit Aluts Taschenlampe hinein. Innen erweiterte sich der Raum zu einem kleinen Stübchen, in dem sich Oline umdrehen konnte. Sie schob das zurückgelassene Gepäck hinaus. »Hier sind die Fuchsfelle, hier ein Ballen mit Eisbärenpelz, hier eine Schachtel mit alten Töpfen und Tellern, und jetzt zwei Pakete Frostfleisch!«

Es kam noch mehr zum Vorschein, und Alut zurrte alles auf dem Schlitten fest. Es ging langsam genug. Wolken verdeckten den Mond, ein eiskalter Wind begann zu blasen und drang bis auf die Haut. Dazu verhedderten sich wieder die Zugleinen der Hunde. Der Absturz von Quana stak den Tieren in den Knochen und machte sie ungeduldig. Bis endlich der Fächer der

Zugleinen in Ordnung war, kam Sturm auf. Aufgewirbelter Schnee verdunkelte die Luft.

Die Mädchen drängten: »Schnell, schnell! Wir müssen vom Inlandeis herunter sein, ehe es noch schlimmer wird!«

Alut zuckte die Achseln. »Wie ihr meint. Es ist aber bestimmt zu spät, wir kommen nicht einmal mehr zur Wetterstation.«

»Ach was! Nur vorwärts, los!«

Der Schlitten setzte sich in Bewegung. Nach wenigen Schritten hielt der Junge das Gespann an: »Ai, ai, ai!« Die Hunde standen sofort, sie hatten ungern angezogen. Sie spürten, wie schwer gegen den von der Seite drückenden Orkan anzukommen war.

»Es hat keinen Zweck! Wir finden den Weg nicht. Wir müssen uns in der Höhle verkriechen und das Ende des Sturms abwarten!« Der rasende Wind riß ihm die Worte vom Mund fort. Die Mädchen errieten mehr, was ihr Kutscher sagte, als daß sie es hörten. Sie widersprachen nicht. Aufgewachsen zwischen Eis und Meer, von klein auf mit Schnee und Sturm verwandt, vertrauten sie der Erfahrung des Ältesten. Wuchs das Unwetter noch weiter an, blieb nur die Höhle als einziger Zufluchtsort weit und breit. Das wußten alle!

Ohne ein weiteres Wort wandte der Junge den Schlitten und fuhr zurück. Die Kinder packten die Lasten ab, schoben die Felle und Pelze in das steinerne Stübchen und stellten den Schlitten als Windschutz vor den Eingang. Die Hunde wühlten sich in den Schnee. Nur Quana stand unschlüssig da. »Du darfst mit herein«, rief Alut. Das ließ sich Quana nicht zweimal sagen. Gleich hinter ihr drängte sich auch der Führerhund in die Höhle. Er durfte auch bleiben.

Aluts Taschenlampe gab genug Licht, um ein richtiges Lager

herzurichten: zunächst eine dicke Decke auf den kalten Boden, Pelz auf Pelz, und die übrigen Felle als Bett oben drauf. Die Hunde legten sich auf die Beine und Füße der Kinder. Ihr zufriedenes Schnaufen klang ganz gemütlich.

Draußen raste jetzt der Sturm wie ununterbrochener Gewitterdonner. Der Boden schien zu beben. Manchmal fuhr ein Windstoß durch den Einschlupf und warf eine Handvoll Schnee herein. Die Kinder verkrochen sich ganz unter ihre Felle. Unter den Decken wurde es warm. Das nahe Schnauben der Hunde und das ferne gleichmäßige Gedonner wiegten sie schließlich in den Schlaf.

Alut wachte als erster auf. Der Höhleneingang lag voller Schnee. Mühsam kroch er hinaus: er hörte keinen Laut mehr. Vom klaren Himmel leuchtete der Mond. Nicht das kleinste Lüftchen rührte sich. Eilig weckte der Junge die Mädchen. Oline half die Hunde anschirren, Avija und Qatsiaq beluden den Schlitten. Dieses Mal ging es schnell, denn die herrliche Schlafwärme machte Arme und Hände geschmeidig. Selbst Qatsiaq strahlte gute Laune aus. Die Hunde bellten fröhlich, als wollten sie fragen: »War das nicht vernünftig, in der Höhle zu übernachten?«

Auf Aluts Zuruf fielen sie gleich in Galopp. In weitem Bogen umfuhren sie die Spalte. Alut knallte mit der Peitsche, daß man es sicher bis Thule hörte!

Als sie den Hang des Inlandeises hinunterglitten, kamen ihnen zwei Schlitten entgegen mit dem Vater, Onkel Odaq und Qatsiaqs Mutter. Sie hatten voller Sorge das Ende des Sturmes abgewartet und waren dann losgefahren, um die Kinder zu suchen.

Nun nahm die Freude kein Ende. Onkel Odaq, der sich auf viele Künste verstand, dichtete sofort ein Lied. Das klang den Glücklichen in den Ohren, als die Schlitten abwärts brausten, an der Wetterstation vorbei, Thule entgegen:

> »Nur die Geister der Luft
> wissen, was mir begegnet
> hinter den Bergen!
> Aber trotzdem fahre ich mit meinen Hunden
> weiter vorwärts,
> weiter vorwärts!«

Weihnachten

Nach diesem Erlebnis durften die Kinder nicht mehr auf das Inlandeis hinauffahren. »Bleibt nur hier unten am Strand. Da ist Platz genug, und bald friert die ganze Bai zu. Dann könnt ihr mit dem Schlitten bis zur Saundersinsel.«

So kam es auch. Viel früher als in anderen Jahren bildete sich Eis bis zu den Inseln, glattes, festes Eis, zum Entzücken der Jäger. Denn die Walrosse hielten sich große Löcher offen, die sie mit ihren gewaltigen Hauern brachen. Dorthin kamen sie in Abständen, um Luft zu holen. An diesen Atemlöchern lauerten die Jäger, erstachen die Tiere mit Lanzen und Harpunen und zogen sie aufs Eis.

Oft genug begleitete Alut den Vater dorthin. Pfeilschnell jagte ihr Schlitten über die glatte Fläche. Doch zurück hatten die Hunde immer tüchtig zu ziehen. Bei einer Beute von zwei oder drei Walrossen, entfiel auf jeden Jäger ein mächtiger Haufen

Speck und Fleisch. Auch das Krankenhaus erhielt seinen Anteil, damit die Patienten nicht immer Grütze essen mußten. Und alle diese Lasten waren von der Saundersinsel nach Thule zu befördern.

Außer den Jägern mochte niemand die beißende Kälte, nicht einmal die Mutter, die lieber im Hause bei den Specklampen blieb. Immer wieder stimmte sie das Winterlied an, ihr Lieblingslied, sobald das große Dunkel immer dunkler wurde:

> »Es ist so viel Angst in der Welt,
> wenn man den Winter spürt,
> der auf die große Erde kommt,
> wenn man den Mond sieht,
> einmal den ganzen Mond,
> einmal den halben Mond,
> und seiner Fußspur nachschaut.
> Ijaijai, -ja -ja!«

Am wenigsten mochten die Dänen die Kälte. Alle hofften, der grimmige Frost würde sich noch einmal vor Weihnachten verkriechen. Am sehnlichsten hofften das die Lehrersleute. Frau Hansen lag im Bett und wagte sich nicht heraus, weil sie schwer erkältet war. Ihr Bett besaß hohe Füße, weil das Thermometer am Fußboden nicht mehr als vier Grad unter Null zeigte. Weiter oben wärmte der Ofen. Die Nähstunden mußten vorerst ausfallen.

Im Schulzimmer war es nicht besser. Der Fußboden krachte vor Kälte, unter der Decke sammelte sich die Wärme. So zogen die Kinder ihre Füße hoch, und Herr Hansen trug dicke Pelzschuhe. Auch lief er ständig hin und her. Er zeigte den Kindern Briefmarken.

»Seit wann gibt es hier für Thule besondere Briefmarken?«
Puto, Qatsiaq und Avija meldeten sich gleichzeitig. »Na, Puto,
weißt du es?«

Puto wußte es: »Seit 1938.«

»Wer weiß, wie ein Brief nach Kopenhagen frankiert sein muß,
mit Thulemarken oder mit dänischen Briefmarken?«

»Mit Thulemarken«, rief Qatsiaq.

»Nein, mit dänischen«, meinte Puto.

Da meldete sich Oline. »Mein Vater mußte einen Brief nach
Kopenhagen schicken. Ich habe ihn übersetzt, und Avija hat ihn
verbessert und geschrieben, weil sie so eine schöne Handschrift
hat. Wir wußten nicht, was wir darauf kleben sollten, und so
gingen wir zum Handelsverwalter.«

»Na, und was hat euch der Handelsverwalter gesagt?«

»Er bediente gerade die Funkstation, als wir eintraten. Als er
den Funkspruch aufgeschrieben hatte, zeigten wir ihm den
Brief. Es quietschte und pfiff in dem Funkkasten, und Herr
Holm meinte . . .«

»Aber das wollen wir ja nicht wissen! Was hat er denn zu dem
Brief gesagt?«

»Ach so ja, die Briefmarken! Als wir ihm den Brief zeigten,
gab er uns eine Thulemarke und eine dänische dazu. Wir sollten beide darauf kleben. Das taten wir auch.« Oline setzte sich.

»Habt ihr gehört: eine Thule- und eine dänische Marke! Sonst
kommt der Brief nicht nach Europa oder Amerika oder wohin
er sonst bestimmt ist!« So ging der Unterricht bei Herrn Hansen seinen gewohnten Gang.

Die Dunkelheit wurde tiefer, der Himmel schwärzer, die wenigen Familien Thules rückten näher zusammen. Auch der

ständige Streit mit Qatsiaq hörte ganz auf. Alut und die Mädchen vergaßen die Nacht in der Höhle nicht, auch nicht die mühsam gerettete Quana, an deren Leine Qatsiaq mitgezogen hatte. Auch rückte Weihnachten näher mit seinen vielen Vorbereitungen.

Es begann mit dem Einholen des Revling. Das waren lange, grüne Ranken, die Onkel Unaleq mit den Kindern im Herbst von den Berghängen beim Knud Rasmussen-Gletscher gesammelt hatte. Keiner kannte die Plätze mit Revling so gut wie er.

»Jetzt müssen wir den Revling hierher holen«, erinnerte Alut, »ich habe alle nötigen Gestelle fertig.«

Alut hatte Nachmittage hindurch in der Schreinerei neben der Handelsstation gearbeitet, um genug Ständer herzustellen. Man umwand sie mit den Revlingranken und schmückte den künstlichen Weihnachtsbaum mit Flitter und Kerzen.

»Wie viele Gestelle hast du gezimmert«, wollte Onkel Unaleq wissen.

»Nun, einen Baum für das Krankenhaus, zwei für die Kirche und einen für die Schule.«

Der Onkel brummte zufrieden. Er mochte die neuen, dänischen Bräuche nicht und hatte Angst, Alut würde einmal einen solchen neumodischen Weihnachtsbaum mit nach Hause bringen. In anderen Häusern mochte er ruhig stehen, nur nicht bei ihm!

Alut und Avija holten den Revling. Die sechs Säcke lagen unberührt unter einem überhängenden Felsen. »Wie grün die Ranken geblieben sind, das gibt die schönsten Kerzenbäume«, freute sich Avija. Sorgsam verteilten sie die Ranken, auch die Schule bekam ihr Teil.

Das war ein Jubel, als Avija und Oline einen Tag vor dem Fest den Ständer aus der Schreinerei herbeischafften und in der Schulstube aufstellten. Alut hatte einen Besenstiel in ein Standbrett eingebohrt und in den Stiel eine Reihe waagerechter Stäbe eingezapft. Eifrig schmückten die Kinder die kahlen Hölzer mit Ranken, Papiersternen und bunten Lappen. Herr Hansen steckte die Kerzen auf, die er aus Dänemark mitgebracht hatte. Zum Schluß kehrten die Mädchen die Stube, denn Frau Hansen sollte sie doch morgen sauber vorfinden.

Der Mond stand schon am Himmel, als Avija und Oline endlich die Schule verließen. »Wir wollen noch schnell zu Meqo hineinschauen«, schlug Avija vor, und schon stürmten die Kusinen dem Krankenhaus zu. Im Windfang roch es nach Pfefferkuchen und anderen süßen Dingen, und auf der Diele stand schon der geschmückte Weihnachtsbaum. Die Benze und der Nakorsaq waren gerade dabei, Kuchenherzen und Knusperhäuschen an der künstlichen Tanne aufzuhängen.

Die Benze machte ein unfreundliches Gesicht. »Ihr fehlt gerade noch, macht euch gleich wieder fort! Meqo geht es gut, morgen dürft ihr wiederkommen!«

Als der Nakorsaq die traurigen und verblüfften Gesichter der Besucherinnen sah, reichte er ihnen schnell ein paar Schokoladenherzen und lachte. Mit einem frohen »Quajanaq-suak« – vielen Dank, verabschiedeten sich die Mädchen.

Als Avija nach Hause kam, mußte sie zuerst mit Alut die Hunde füttern. Der Vater hatte die Brocken schon in den Eingangskorridor gelegt zum Auftauen. Die Geschwister schleppten sie hinaus, zerkleinerten sie und warfen sie den heulenden Tieren zu. »Ihr sollt doch auch merken, daß Weihnachten ist«, sagten sie wie aus einem Munde. Und wirklich, das Heulen ging in ein zufriedenes Knurren über, als jeder Hund an seinem Stück zerrte und riß.

Alut schnitt das Fleisch so klein, wie es irgend ging. Da man den Tieren frühzeitig die Eckzähne ausschlug, damit sie die Riemen ihres Zuggeschirres nicht zernagten, so mußte man ihnen das Zerreißen großer Brocken erleichtern.

Als Avija in die Wohnstube trat, kletterten ihre beiden Geburtstagshunde aus der Kiste und liefen ihr entgegen. Sie knabberten an ihren Kamikken und verschlangen gierig die Stücke, die Avija ihnen vorschnitt.

»Es wird Zeit, daß die Tiere nach draußen zu den anderen Hunden kommen«, meinte die Mutter. »Sie sind jetzt groß genug.« Die Tochter fuhr auf. »Jetzt schon nach draußen! Das gibt es nicht! Bei der grimmigen Kälte bleiben sie hier!« Sie streichelte ihre Lieblinge. »Nicht wahr, Ikaleq und Qatsiaq, jetzt müßtet ihr ja erbärmlich frieren!«

Die kleinen Pelzknäuel schienen zu ahnen, daß über sie gesprochen wurde. Sie kletterten auf Avijas Schoß und winselten. Das Mädchen fühlte, wie sie bei ihrer Herrin Schutz suchten. Nachdenklich fuhr ihre Hand über Rücken und Schwänze. Mit einem Male stand die richtige Qatsiaq vor ihren Augen: sie blickte manchmal ebenso hilflos und hilfesuchend.

Inzwischen hatte Alut einige Weihnachtspostkarten hervorgeholt und auf die Illustriertentapete geklebt. Auch ein paar Kerzenhalter aus Holz und Speckstein kamen zum Vorschein. Alle gerieten in Weihnachtsstimmung, bis auf Onkel Unaleq. Er schüttelte den Kopf. »Was macht ihr euch für unnütze Arbeit! Die neuen Bräuche taugen nicht viel!«

Seine Augen wanderten zur Decke, wo Alut und Avija ein Paar Revlingranken befestigten, die in der Schule übriggeblieben waren. Dann blickte er auf die Postkarten. Da sah man ein winziges Kind in einem Holzkasten liegen, die Eltern beugten sich darüber und daneben große Tiere, die hier in Thule kein Mensch kannte. Wieder schüttelte der Onkel den Kopf.

»Früher haben wir um diese Zeit Trommeltänze aufgeführt, das war herrlich! Ein ganz großes Schneehaus haben wir dazu gebaut . . .« Unaleq verlor sich in Erinnerungen, bis das Abendessen ihm den Mund stopfte. Früh gingen alle auf die Pritsche. Bald hörte man nur noch das Schnarchen des Onkels und das Winseln der kleinen Hunde, die von dicken Fleischbrocken träumten.

Am nächsten Morgen, dem Morgen des Weihnachtstages, schlief die ganze Familie lange. Zur Feier des Festes wurden die besten Sachen angezogen: die Mutter trug ihre neue Fuchsfellhose und Avija ihren Anorak. Ihre löcherigen Kamikken hatte sie fein gestopft und ihre alten, vergilbten Weißfuchshaare mit Mehl bestreut. Beim ersten Hinsetzen stob eine weiße Wolke in die Höhe. Alle lachten.

Da trat Onkel Odaqs Familie ein. Sie war zum Mittagessen eingeladen. Die Gäste zogen aus ihren Kamikken kleine Geschenke. Avija traute ihren Augen nicht, als ihr Onkel Odaq ein großes Paket, eine neue Fuchsfellhose, überreichte. Sie bedankte sich herzlich. Man sah die Freude auf ihrem Gesicht leuchten.

Wie froh war Avija, daß sie nicht mit leeren Händen dastand. Sie hatte neue Kamikken für Oline unter der Pritsche versteckt und holte sie nun hervor. Jetzt war das Staunen bei Oline.

»Nein, solche Überraschung! Aber du brauchst neue Kamikken ebenso nötig wie ich!«

Avija zeigte ihre Beine vor. »Sieh nur, wie fein ich alles gestopft habe! Man sieht fast nichts mehr von den Löchern und Rissen!«

»Ja, wirklich! Jedenfalls freue ich mich sehr. Quajanaq-suak, vielen Dank, vielen Dank!«

Nachdem auch die kleinen Geschenke gebührend belobt und bewundert waren, setzten sie sich zum Essen. Man aß und aß, bis das letzte Stückchen Fleisch aus der Riesenschüssel gefischt war. Dann gab es noch Kaffee und Kuchen. Hätte der Wecker nicht zum Aufbruch geklingelt, so wären sie noch lange sitzen geblieben und hätten Gottesdienst und Kirche vergessen.

Zurück blieben nur Odaq und Unaleq, die sich an die Neuerungen in Thule nicht gewöhnen konnten. Außerdem freuten sich die alten Freunde, einmal allein zu sein und ungestört miteinander reden zu können.

Die anderen machten sich auf den Weg.

Draußen lag frischer Schnee, kaum gefroren, so daß man tief einsank und nur langsam vorwärts kam. Hell leuchteten die vier Kirchenfenster in die dunkle Nacht hinaus und wiesen den Weg. Als Alut über einen Stein stolperte und der Länge nach in den Schnee fiel, lachten die Kinder, und ihr lautes Reden wollte kein Ende nehmen.

»Jetzt müßt ihr still sein«, mahnte der Vater, als sie in die Kirche eintraten. Aber in der Kirche herrschte auch keine Ruhe. Die Mütter trugen ihre Kleinsten in einer Felltasche, dem Amaut, auf dem Rücken. Bald hier bald da quäkte ein Baby los, und mitunter vereinigten sich zwei oder drei zu lautem Gebrüll. Die größeren Kinder gaben sich viel Mühe, still zu sitzen, doch der große Raum lockte unwiderstehlich zum Aufstehen und Hin- und Herlaufen. Bald aber strömten immer mehr Menschen herein, und zum Schluß standen sie dicht gedrängt. Da überdeckte der brausende Gesang des ersten Weihnachtsliedes die Unruhe.

Der Pfarrer las die Weihnachtsgeschichte vor, dänisch und eskimoisch, damit alle Anwesenden sie verstanden, die Dänen und die Eskimos. Die Besucher genossen das strahlende Licht in der ewig-dunklen Polarnacht. Fast geblendet ruhten die Augen auf den Weihnachtsbäumen rechts und links des Altars, die Alut gezimmert hatte und deren flackernde Kerzen die Kirche in eine ungewohnte Helligkeit tauchten. Über dem Altar sah das vertraute Bild in den verwandelten Raum hinab: der Heiland auf dem Thulefjell sitzend, ein Eskimomädchen auf dem Schoß und einem Eskimojungen die rechte Hand entgegenstreckend.

Am Schluß versammelte sich der Chor um den Altar und sang ein Weihnachtslied. Andächtig lauschten alle. Dann liefen die Kinder nach vorn und umtanzten die leuchtenden Kerzenbäume. Am liebsten wären sie dageblieben, aber nun warteten ja noch die Schule und das Krankenhaus auf die Besucher.

Lichter brannten auch im Schulhaus, als Herr und Frau Hansen die Kinder mit ihren Eltern empfingen. Hier überraschten nun die Kleinen die Eltern, mit ihren selbstgearbeiteten Geschenken, die in den Näh- und Strickstunden von Frau Hansen zustande gekommen waren. Allerlei nützliche Dinge lagen da unter dem kerzenschimmernden Baum: Mützen, Fäustlinge, Kamikkenbänder, Ohrenklappen. Voller Freude nahmen die

Großen die Sachen in Empfang und knabberten dabei von den Plätzchen, die auf großen Tellern herumgingen.

Von der Schule strömten die Besucher zum Krankenhaus. Nicht nur die Familien kamen, die dort kranke Kinder liegen hatten, nein alle, die Zeit und Lust hatten. Und wer hatte die heute nicht? Sonst verschluckte die Dunkelheit das rotgestrichene Gebäude vor dem dunklen Berg, aber heute hob es sich gegen die helle Schneedecke rot schimmernd ab. Aus allen Fenstern, sogar aus den Dachluken strömte Licht.

Der Baum in der großen Diele trug auch hier brennende Kerzen. Auf einem Tisch warteten eine Unmenge bunter Knusperhäuschen und Schokoladenherzen auf Abnehmer. Der Nakorsaq hatte eben an alle gedacht, nicht nur an die Angehörigen seiner Kranken. Kein Kind lag im Bett, auch hier tanzten sie fröhlich um den Baum auf der Diele. Avija gab dem Schwesterchen die selbstgehäkelte Mütze. Meqo schrie vor Freude und setzte den neuen Wollepudel sofort auf. Sie wollte ihn gar nicht mehr abnehmen. Kein Zureden der Mutter half, die Kleine behielt das Geschenk auf dem Kopf und ließ sich von den anderen Kindern bewundern.

Jetzt begann auch das Grammophon im Hintergrund der Diele Weihnachtslieder zu spielen. Aber gerade als Avija und ihre Eltern sich verabschiedeten, erklang das Lied, das sie schon einmal gehört und seitdem nicht vergessen hatte:

>»Es ist ein herrlich Land,
>
>das steht mit breiten Buchten
>
>im Meer am Ostseestrand!«

Auf dem Heimweg hing sie ihren Gedanken nach. Sie hörte kaum auf die Eltern, die über Meqo redeten. »Sie wird sicher bald gesund. Sie hat sich ja schon ganz eingelebt im Krankenhaus!«

»Ob der Nakorsaq sich gefreut hat über den Walroßzahn, den ich ihm geschenkt habe«, wandte sich auf einmal der Vater an seine Tochter.

Avija erwachte aus ihren Träumen. Was sagte der Vater da? Ach so, ob der Nakorsaq sich gefreut habe? »Und ob«, rief sie, »er strahlte ja übers ganze Gesicht. Seine Dankesworte kamen so schnell, daß ich nur einen Teil übersetzen konnte. Zum Schluß sagte er ganz richtig ›Quajanaq-suak‹.«

Der Vater blieb stehen und faßte sich an den Kopf. »Ich habe zu Hause noch ein Geschenk für euch vergessen. Für dich, Avija habe ich zwei feine Stricknadeln aus Walroßzahn geschnitzt und für die Mutter eine, als Ersatz für die zerbrochene, damit ihr Paar wieder vollständig wird. Ich hatte während meiner Krankheit Zeit genug dazu.«

Kaum saß die Familie wieder in ihrem Erdhaus zusammen, zog jeder Plätzchen, Pfefferkuchen und Schokoladenherzen aus den Taschen. Selbst Onkel Unaleq sagte nicht nein, als ihm die süßen Sachen angeboten wurden.

Der Vater aber hatte die Werkzeugkiste auf den Knien und kramte sie aus, auf der Suche nach den Stricknadeln. Alle lachten, auch der Vater, weil die feinen Stäbchen nicht zum Vorschein kommen wollten. Endlich, auf dem Boden der Kiste lagen sie! Wie freuten sich Avija und die Mutter darüber.

Inzwischen hatte Avija auch jenes kleine Päckchen aus ihren Kamikken gezogen, das ihr die Lehrerin in die Hand gedrückt hatte. Das Mädchen fühlte seit langem, daß Frau Hansen sie mochte und förderte, wo es nur anging. Aus der Hülle kam ein kleines Postkartenalbum zum Vorschein. Vor Freude sprang Avija auf. »Die gute Frau Hansen! Sie weiß, wie gerne ich bunte Bilder aus fremden Ländern ansehe! Bei uns ist ja fast immer alles weiß. Nur drei Monate sieht man Wollgras und ein paar grüne Pflanzen und . . .« Mitten im Satz brach sie ab und betrachtete die kleinen bunten Vierecke.

Da war ein Bild vom Hafenviertel in Kopenhagen. Hohe Häuser mit roten Dächern säumten die beiden Wasserstraßen, die sich tief in die Stadt hineinzogen. An der Uferstraße standen Bäume, ihre grünen Zweige reichten bis an die Fenster der dritten Stockwerke. Dann kam ein Bild von der Börse und der Christiansborg. So las Avija jedenfalls auf der Rückseite.

Sie fragte, was das wohl sei. Die Karte ging von Hand zu Hand, doch niemand konnte Auskunft geben, auch nicht Onkel Odaq, der in Kopenhagen gewesen war. Nun wollten alle sehen, was in dem Album abgebildet war. Ansichten von Schlössern, von Kirchen und riesigen Türmen, vom Tivolipark mit unzähligen bunten Blumen und Springbrunnen, gingen von Hand zu Hand. »Ehee, ehee, ehee!« Man konnte sich gar nicht vorstellen, daß es dergleichen auf der Welt gab.

Nur der alte Odaq nickte. »So sieht Kopenhagen wirklich aus. Ich kann nicht sagen, was die großen Häuser bedeuten und was die Dänen darin tun, aber aussehen tut es so und nicht anders. Ihr könnt es mir glauben!«

Der Wecker zeigte schon die Morgenstunden an, als Onkel Odaq mit seiner Familie sich verabschiedete, und alle krochen auf die Pritsche. Bald träumte Avija von unglaublich bunten Blumen, von grünen Riesenbäumen und hohen Häusern mit roten Dächern.

Gleich nach dem Weihnachtsfest kam heraus, was der alte Odaq und Onkel Unaleq besprochen hatten, als die anderen in der Kirche saßen und nachher Schule und Krankenhaus besuchten. Ein richtiges Walfest wollten sie feiern und dazu einen großen Iglu bauen aus lauter Schneeblöcken! Zwei Tage arbeiteten sie eifrig, schnitzten an Holzstücken und verknüpften lange Lederriemen. Am dritten Tage sagte Onkel Unaleq: »Heute mittag bauen Odaq und ich einen Iglu. Der Schnee hat jetzt die richtige Festigkeit. Wenn Alut uns hilft, sind wir in drei Stunden fertig.«

Gleich nach dem Essen gingen sie ans Werk. Bei Sternenschein hoben die Männer gleich neben dem Erdhaus, in dem Avija mit ihren Eltern wohnte, mit Spaten eine runde Vertiefung aus, von sechs Schritt Durchmesser. Danach schnitten sie mit ihren langen Messern trapezförmige Schneeblöcke und fingen an, eine runde Mauer zu errichten. Alut verstand nur einen kleinen Iglu zu bauen, denn als Eskimo brauchte man ein Schneehaus auf langen Reisen, wenn es galt, schnell eine größere Unterkunft zu schaffen. Sonst wohnte man sommers in Zelten, winters in Erdhäusern. Eine solche lange Reise hatte Alut in den letzten Wintern nicht mitgemacht. Nun zeigten ihm die Onkel, wie solch ein großer Iglu entstand.

»An den Rand der runden Vertiefung stellt man den ersten Ring von Schneeblöcken, darauf kommt der zweite, der dritte und so weiter. Jeden Ring macht man etwas enger und kippt dabei die Blöcke ein wenig nach innen, bis oben der kleinste

Ring mit einer Schneeplatte geschlossen und zugedeckt wird. So bekommt man am Ende eine runde Kuppel aus Schnee.«

Das hörte sich einfach an. Doch es war gar nicht so leicht, passende Schneeblöcke zurechtzuschneiden. Die beiden Seiten eines solchen Blocks mußten ein bißchen schräg zulaufen, und auch die Standfläche hatte eine kleine Neigung nötig, damit die runde Mauer sich allmählich nach innen verengte zu einer Kuppel. Den beiden alten Männern ging die Arbeit so selbstverständlich von der Hand, daß Alut sich beinahe schämte, es nicht ebensogut zu können. Langsam fand er sich hinein. Der Schnee ließ sich so leicht schneiden wie Brot und hielt auch als Block fest genug zusammen.

»Aber da bleiben doch überall Risse, die Klötze passen doch nicht so genau aufeinander«, fragte Avija, die dazukam.

Die Onkel lachten. »Das hat nichts zu sagen. Am Schluß verstreichen wir alles mit Schnee, und dann sollst du sehen, wie schön dicht der Iglu wird. Nicht die kleinste Ritze findet der Wind!«

Bei dem Durchmesser von sechs Metern dauerte es viel länger, als sie gedacht hatten. Bald kam noch der Vater zu Hilfe. Avija und Oline dichteten die Lücken mit Schnee. Vor dem Eingang entstand ein kleiner Windfang. Er hielt mit seinem Türfell die Kälte ab. Schließlich glätteten die Männer die ganze Innenseite mit ihren Messern. Diese letzte Arbeit vollzog sich bereits in völliger Dunkelheit: von oben drang nur ein wenig Sternenlicht herein, und das Glimmen von Aluts Taschenlampe nützte auch nicht viel gegen die Nachtschwärze. Als die letzte Schneeplatte die oberste Öffnung zudeckte, wurde es in dem Iglu ganz finster.

Aber nun erschien Avija mit einer Specklampe und stellte sie auf einen Schneeblock in der Mitte des Fußbodens. Kaum flammte die Leuchte auf, da ertönte ein lautes: »Ehee!« Das Licht glitzerte an den weißen Wänden, als ob unzählige Diamanten aufstrahlten. Es funkelte und gleißte wie in einer Kristallhöhle. Man konnte sich nicht sattsehen.

Im Nu hatte sich die Kunde von dem neuen Iglu in der Siedlung herumgesprochen. Von überall kamen die Leute herbei und bewunderten das riesige Schneehaus. Alle versprachen, morgen zum Walfest zu kommen, in neuen Kamikken und neuen Fuchsfellhosen. Wer weiß, wie lange das noch gedauert hätte, wenn nicht die Mutter zum Essen gerufen hätte. Todmüde sank endlich alles auf die Pritsche.

Am anderen Tage, gleich nach dem Mittag, strömten die Leute schon in dem neuen Iglu zusammen. An den Wänden rundum liefen Schneebänke, mit Fellen gepolstert. Dort konnte man bequem sitzen. Unter der Decke schwebte ein kleiner hölzerner Wal, rings um ihn herum hingen vier Seehunde aus Holz und ebenso viele Walrosse, niedlich geschnitzt und mit Riemen festgehalten.

Viele Besucher hatten ihre Trommeln mitgebracht, flache Handpauken mit einem einzigen Fell bespannt. Avija trug ihre beiden Hunde auf dem Arm. »Ikaleq und Qatsiaq sollen doch auch das Walfest miterleben, Mutter«, meinte sie. Der Raum barst fast vor Menschen. Über zwei Lampen hingen große Kaffeekannen, und wer trinken wollte und eine Tasse bei sich hatte, schenkte sich ein.

Onkel Unaleq trug wie die anderen seine Festtracht, darüber seinen Mantel aus Bärenpelz, den er ablegte, sobald es warm

wurde. Nun trat er in die Mitte und sang ein Lied zu Ehren der
Gäste aus Kap York. Mit der Trommel gab er den Takt an.
Rote und schwarze Figuren leuchteten auf dem Trommelfell.
Mehrere Strophen waren dem alten Odaq gewidmet und seiner
Reise mit Peary zum Nordpol. In den Refrain fielen alle be-
geistert ein: »Eja, eja, ja, ja, ja!«
Dann trat Onkel Odaq auf. Er sang zum Pochen seiner Trom-
mel ein Lied auf die Hunde, die mit zum höchsten Punkt der
Welt gezogen waren:

> »Zweihundertsechsundvierzig Hunde waren
> auf dem großen Schiff, der Roosevelt!
> Nur wenige kehrten zurück, eja, eja!

Zweihundertsechsundvierzig Hunde
gingen mit zum Pol, eja, eja!
Nur wenige kehrten zurück nach Etah!
Eja, eja, ja, ja, ja!«

Brausend verhallte der Refrain unter der Kuppel. Nun trat Onkel Unaleq auf. Er hatte sich eine Maske aus Renleder vorgebunden, bemalt mit dem Bild eines Wals. Mit schlurfenden Schritten ging er im Kreise, manchmal leise murmelnd, manchmal laute, unverständliche Wortfetzen ausstoßend. »Wer bist du? Ich kenne dich nicht«, sprach er einige Besucher an.

Sofort antworteten die Gefragten: »Ich bin Ikaleq, ich bin Amauglaliq, ich bin Siorpaluq!« Doch der Onkel schien sie nicht wiederzuerkennen, seine Augen wurden starr und blickten in weite Fernen.

Nun fing er an, mit den Armen zu rudern, als schwämme er irgendwo im Meer. Die Kinder wußten sogleich, wohin sich die dramatische Reise des alten Schamanen richtete. Oft genug hatte Onkel Unaleq ihnen davon erzählt.

»Nun schwimmt er zu Sedna hinunter, zur Mutter der Meertiere«, flüsterte Avija ihrer Base Oline ins Ohr.

»Was will er denn da«, fragte Oline zurück.

»Er will Sedna bewegen, die Wale, Walrosse und Robben loszulassen und nach oben zu schicken. Sonst fangen unsere Jäger nichts, und wir müssen hungern.«

»Aber warum hält Sedna denn die Seetiere fest?«

»Das weiß niemand. Vielleicht hat jemand sie geärgert. Nun will Onkel Unaleq sie wieder beruhigen!«

Die Bewegungen des Schamanen wurden heftiger. Es herrschte tiefe Stille. Die Lampen brannten niedriger. Plötzlich fiel Onkel Unaleq zu Boden. Seine Hände verkrampften sich, als würgte er jemand. Auf einmal rief er: »Nein, nein, ich bin noch aus Fleisch und Blut!«

Fragend blickte Oline ihre Kusine an. Flüsternd erklärte Avija: »Vor Sednas Haus liegt ein großer Hund mit gewaltigen Zähnen. Der möchte den Onkel packen und zu den Toten sperren, damit er gar nicht mehr zurück kann. Deshalb muß er schnell sagen: ›Ich lebe noch.‹ Dann darf er durch die Tür in Sednas Haus.«

Jetzt kauerte der Schamane auf dem Boden. In der Hand hielt er einen großen Kamm aus Holz. Immer wieder fuhr er damit durch die Luft, als strähle er jemand die Haare. Dazu murmelte er unablässig: »Laß sie los, laß sie los!«

»Wen soll sie denn loslassen«, wisperte Oline.

»Die Meertiere natürlich, damit sie wieder nach oben kommen!
Sednas Haare sind ganz verfilzt und durcheinander. Deshalb
muß er sie kämmen, damit sie bessere Laune bekommt und genug Wale, Walrosse und Seehunde an die Oberfläche schickt.«
Jetzt fuhren alle Anwesenden zusammen: mit einem gewaltigen Krach plumpste der hölzerne Wal von der Decke, danach
die Robben und die Walrosse.
»Sie kommen! Sedna hat sie losgelassen«, flüsterte Avija. Oline
nickte. Sie verstand jetzt alles, was vorging. Nun mußte nur
noch Onkel Unaleq unversehrt von seiner Fahrt zur Mutter der
Meertiere zurückkehren. Die Lampen flammten wieder hell
auf. Der Schamane stand in der Mitte und ruderte mit den Armen. Er prustete wie ein Schwimmer, der gegen hohe Wellen
ankämpft: »Puah, puh, puh!« Man hörte das Wasser plätschern:
platsch, platsch, platsch! Dann tauchte der Zurückkehrende laut
schnaubend auf: »Pluh, pluh, pluh!« Er war wieder da, glücklich heimgekehrt von seiner Reise zum Grunde des Meeres! Wie
ein Bann lag es über den Menschen. Onkel Odaq stimmte ein
Lied an, in das alle einfielen:

>»Wir strecken die Hände aus,
zu helfen deinem Aufstieg.
Wir sind ohne Speise,
ohne Beute an Tieren.
In der Höhlung, der Pforte, der Haustür
erscheine, tauche auf,
grabe dich hoch, tauche auf.
Und wir legen uns nieder,
und wir strecken die Hände aus,
zu helfen deinem Aufstieg.«

Unaleq griff nach dem hölzernen Wal und sagte mit lauter, verständlicher Stimme: »Ich möchte etwas mitteilen! Sie kommen, sie kommen!«

Jeder wußte, wer da kommen würde. Nicht einmal Oline brauchte zu fragen. Langsam kamen die Menschen wieder in Bewegung. Fröhlich redeten alle durcheinander. Töpfe voll Fleisch wurden hereingetragen. Zum Schluß kam Alut und zog einen Robbenfellsack hinter sich her, gestopft voll mit Seekönigen. Der Giviaq war im Erdhaus bereits aufgetaut, so daß jeder zugreifen konnte.

Ein gewaltiges Schmausen hob an. Sogar die Hunde erhielten ihr Teil. Die Meertiere kamen ja, die Jäger würden Beute machen. Niemand brauchte mehr zu sparen.

Eine Welle von Zuversicht lief seit dem Walfest durch Thule. Das neue Jahr stand vor der Tür, es konnte nur Gutes bringen. Die Kinder liefen von Haus zu Haus und holten ihre Gespielen zusammen, um den Ball zu werfen oder in zwei Gruppen am Seil zu ziehen. Doch jetzt wurde das beliebteste Spiel, Onkel Unaleq nachzumachen.

Avija schwenkte eine Trommel. »Tante Amauglaliq hat sie mir und Oline gegeben, um damit den Trommeltanz zu üben!« Im Nu bildeten Mädchen und Jungen einen Kreis um Avija. Sie hob die Pauke hoch und schloß die Augen. Sie versuchte ihrem Gesicht jenen starren Ausdruck zu geben, den auch Onkel Unaleq gehabt hatte. Dazu stieß sie abwechselnd den rechten und den linken Arm in die Höhe. Mit gegrätschten Beinen, leicht in den Knien eingeknickt, bewegte sie den Oberkörper von einer Seite zur anderen. Dann streckte sie die Knie wieder und begann schlurfend im Kreise herumzugehen. Dazu sang sie:

»Ich will den Trommeltanz tanzen,
ich will mich hin- und herschwenken und mich beugen,
ich will mich zu jemand anderem neigen,
ich will mich neigen und beugen,
uh, uh, die Schönste, den Schönsten
will ich nehmen!«

Bei den letzten Worten drehte sich Avija ein paar Mal im Kreise und zeigte schließlich mit geschlossenen Augen auf irgend eine Mitspielerin. Es traf Oline. Sie war jetzt dran und stellte sich in die Mitte des Kreises. Dann begann alles von neuem. So ging es, bis die Kinder den Trommeltanz kannten und wieder zum Ball griffen.

Aber auch der Ball flog gleich wieder auf den Boden, denn auf einmal kam Onkel Unaleq vorbei. »Erzähle uns eine Geschichte«, bettelten die Kinder.

»Heute nicht, morgen«, wehrte Onkel Unaleq ab.

»Es ist ja längst schon morgen«, riefen die Kinder und krochen hinter dem Onkel ins Haus. Während er Pfeife und Tabak hervorkramte, fragte er: »Wovon soll ich euch erzählen?«

»Vom Walfest natürlich, vom Walfest!«

»Davon weiß ich nun nichts mehr, aber dafür werde ich euch eine Tiergeschichte erzählen, bei der ein Iglu einstürzt.«

Er brachte seine Pfeife zum Qualmen und blies kleine Rauchwölkchen vor sich hin. Dann begann er: »Ihr kennt doch alle das Hermelin, das kleine weiße Tier mit dem langen Schwanz, der am Ende braun gefärbt ist. Solange der Boden weiß ist, ist auch das Hermelin weiß. Die Dänen zahlen für solch ein kleines Fell viel Geld, aber es ist schwer, ein Hermelin zu fangen. Es ist das schnellste von allen vierfüßigen Tieren, und das kam so.

Da lebten einmal drei Geschwister mit ihrer Mutter. Die beiden Brüder waren fast erwachsen, während die Schwester noch nicht die Größe von Avija hatte. Eines Tages verunglückte der Vater mit dem Kajak. Nun war niemand mehr da, der für die Familie sorgte. Da sprachen die beiden Jungen: ›Wir gehen in die Fremde und lernen etwas. Dann kehren wir zurück und sorgen für euch. Inzwischen werden unsere Verwandten euch Essen und Kleider geben.‹ Die Verwandten versprachen es auch, aber als die beiden Brüder fort waren, kümmerten sie sich gar nicht um die Mutter und das kleine Mädchen.

Während nun die Daheimgebliebenen viel Not und Hunger auszustehen hatten, ging es den Brüdern gut. Eines Tages trafen sie nämlich ein Hermelin, das sagte ihnen: ›Weil ihr euch so mühsam durch die Welt schlagen müßt, so will ich euer Hilfsgeist sein und euch alle Fertigkeiten lehren, die ihr braucht!‹ Seitdem glückte den Brüdern alles, was sie anfingen. Sie fingen sogar Wale.

Als sie endlich nach Hause zurückkehrten mit ihrem Hermelin, da fanden sie Mutter und Schwester halbverhungert vor. Doch nun hatte die Not ein Ende, und die Fleischtöpfe über den Specklampen wurden nicht mehr leer. Dann riet ihnen das Hermelin: ›Ehe ihr eure hartherzigen Verwandten bestraft, baut ein Boot, das so schnell schwimmt wie eine Eidergans fliegt.‹ Sie taten es, und das Boot schoß so schnell über das Wasser dahin, wie eine Eidergans fliegt.

Da sagte das Hermelin: ›Das ist noch nicht schnell genug. Baut ein Boot, das so schnell ist, wie eine Eisente!‹ Da bauten die Jungen ein Boot, das wie eine Eisente dahinschoß.

Danach errichteten sie einen großen Iglu mit Fellbänken und

einer dichten Felltür. Die Verwandten wurden neidisch und bauten auch einen Iglu. Doch am anderen Tage brach ein Sturm los, der ihren Iglu vollständig wegfegte, während der andere stehen blieb. ›Das geht nicht mit richtigen Dingen zu‹, sagten sie. ›Daran ist sicher das Hermelin schuld, das sie mitgebracht haben. Das ist bestimmt ein böser Geist! Wir wollen es totschlagen!‹

Sie fingen an, mit Spaten und Messern in das Schneehaus einzubrechen. Die beiden Brüder konnten mit ihrer Mutter und Schwester gerade noch entkommen, ehe das Dach einstürzte. Die Verwandten drangen in die Hütte ein und versuchten das Hermelin zu haschen. Es entkam aber durch die Tür und lief hinter den Brüdern her zum Strande. Im Eifer der Verfolgung strauchelte ein Mann, der das Tierchen schon fast erwischt hatte, über einen Stein. Er fiel so unglücklich, daß er auf der Stelle tot war. Mit doppeltem Eifer jagte jetzt alles hinter dem Hermelin her. Schon hatte eine Frau es am Schwanz gepackt, da stolperte sie über einen spitzen Felsbrocken und brach den Hals.

Nun rannte das Hermelin so schnell wie der Wind zum Strande. Eilig bestieg die Familie mit ihrem Schutzgeist das Eisentenboot. ›Jetzt fahren wir zu einem anderen Wohnplatz, wo bessere Menschen wohnen, die arme Frauen und kleine Kinder nicht verhungern lassen.‹

Und schon schoß das Boot mit der Geschwindigkeit einer Eisente davon, so daß die Verfolger weit zurückblieben. Auf einmal sahen die bösen Verwandten einen Vogel über dem Boot schweben. ›Seht nur‹, riefen sie, ›da fliegt eine Eisente! Sicher hat sich das Hermelin in eine Eisente verwandelt! Nun können wir es nicht mehr einholen!‹ Und so kehrten sie um. Seitdem ist das Hermelin das schnellste von allen vierfüßigen Tieren, denn es besitzt die Geschwindigkeit der Eisente!«

Onkel Unaleqs Pfeife war ausgegangen. »Nun ist es aber spät geworden«, murrte er. »Was werden eure Mütter sagen? Macht, daß ihr auf eure Schlafbänke kommt!«

»Aber wir haben doch Ferien, Onkel Unaleq«, meinte Avija, »und können schlafen, so lange wir wollen!«

»Ach ja, richtig! Sonderbar, was ihr heute alles habt. Ich kannte weder Schule noch Ferien und bin auch durch die Welt gekommen!«

Die Kinder bedankten sich vielmals und liefen nach Hause. So verstrichen die Tage bis Sylvester. Einmal besuchten Avija und Oline die Lehrerin. Auch die Dänen hatten von dem Walfest gehört, obschon keiner von ihnen daran teilgenommen hatte. Frau Hansen fragte ihre Besucherinnen danach aus und schrieb sich alles in ein kleines Buch.

»Das ist wohl so eine Art Neujahrsfest bei euch«, meinte sie. »Nun müßt ihr aber auch Neujahr mit uns feiern, ich erwarte euch am Sylvesterabend, nicht wahr?«

Die Mädchen versprachen: »Wir kommen gerne!«

Als der Wecker anzeigte, daß die letzte Stunde des alten Jahres angebrochen war, zogen die Kinder zu den Häusern der Dänen. Die großen Fenster erleuchteten die Schneelandschaft. Überall knallten bereits Gewehre, um das neue Jahr anzuschießen. Zuerst ging es zum Krankenhaus. Drei Lieder sangen die Kinder, draußen krachten die Schrotbüchsen der Jungen. Ein mächtiger Hall kam von den Hängen zurück.

Die Benze zeterte: »Ihr macht einen Lärm, daß man taub werden könnte.« Doch von drinnen hörten sie die kleinen Patienten rufen: »Adolo, adolo – mehr, mehr!« Weil der Nakorsaq lachte und auch »Adolo« sagte, sangen sie noch zwei Lieder.

Nun rannten sie zur Schule, um dort das neue Jahr anzusingen. Frau Hansen holte den ganzen Chor ins Haus und verteilte Kuchen und Plätzchen. Sie reichte auch bunte Bilder von Dänemark herum, und so konnte jeder das Land sehen, aus dem so gute Dinge kamen.

»Nun müßt ihr noch Blei gießen«, sagte Frau Hansen.

»Ehee! Blei gießen? Was ist das?«

Die Lehrerin erklärte. »In einem Eisenlöffel machen wir über dem Spirituskocher Blei flüssig. Das schmilzt ganz schnell, sobald es heiß wird. Danach schütten wir es in eine Schüssel mit kaltem Wasser und warten ab, was das Blei für Figuren im Wasser bildet. Vielleicht formen sich zwei Schuhe oder ein Paar Kamikken oder eine Fuchsfellhose, wer weiß es?«

»Bekommt man dann die Sachen, die man aus Blei gegossen hat?«

»Ja, irgendwann im Jahre sind dann die Sachen auf einmal da! So glauben wenigstens die Leute in Dänemark.«

Die kleinen Besucher zappelten vor Ungeduld. »Komm mal her, Avija. Du bist die größte und gießt für dich und alle anderen mit. Wir haben nicht so viel Blei, daß jeder eine Figur gießen könnte.«

Die Kinder drängten sich um den Tisch. Etwas ängstlich hielt Avija den Löffel in die Flamme. Als die weißgrauen Bröckchen schmolzen und aufbrodelten, blickte sie die Lehrerin fragend an. »Nur ins Wasser damit«, ermunterte Frau Hansen. Avija kippte den Löffel um.

Zischend lief das glühende Zeug in die Schüssel. Alle starrten neugierig in das Wasser. »Da! Ein Schiff«, rief Avija. Frau Hansen griff in die Schüssel und holte das Blei heraus.

»Ja wirklich, ein Schiff! Hier ist die Spitze und dort kann man die Schornsteine erkennen!«

Avijas Augen weiteten sich. »Genau wie das amerikanische Schiff, das im Herbst hier anlegte! Werde ich denn ein Schiff bekommen?«

Frau Hansen lachte. »Höchstens eins aus Kuchen. So wie das hier!« Damit drückte sie Avija ein Schiff aus Lebkuchen in die Hand.

Zu Hause erzählten die Kinder voller Aufregung vom Bleigießen. Onkel Odaq, der mit Tante Amauglaliq herübergekommen war, zog die Stirn in Falten. »Meinst du wirklich, es sei das amerikanische Schiff gewesen?«

»Bestimmt, es sah genauso aus.« Avija holte das Blei aus ihren Kamikken. »Hier ist die Spitze, hier die Schornsteine, und hier sogar der niedrige Aufbau hinten!«

»Hm, wahrhaftig. Ob sie wohl wiederkommen werden, die Amerikaner?« Er hing seinen Erinnerungen nach. »Früher lagen bei Kap York drei große Meteorsteine. Die waren dort vom Himmel gefallen und bestanden ganz aus Eisen. Sie hießen ›Zelt‹, ›Frau‹ und ›Hund‹. Jeder Fänger holte sich dort das Eisen für seine Harpunenspitzen und Messer, wenn er welches nötig hatte. Und was denkt ihr? Und was denkt ihr? Obwohl die Meteore viele Tonnen wogen, hat Peary sie nach New York gebracht!«

»Aber was wollen denn die Amerikaner jetzt wieder hier? Es sind doch gar keine Meteore mehr da!«

Schweigen lastete in dem Raum. Da tauchte Alut aus dem Eingangskorridor auf: »Ein Nordlicht! Ein Nordlicht!«

Alle drängten nach draußen. Eine geisterhafte Helligkeit spielte über dem Eisland. Ein ungeheurer Vorhang aus Licht wallte vom Himmel herab. Es sah aus, als wollte er das neue Jahr noch eine Weile zudecken.

Avija hilft im Krankenhaus

Mit dem Beginn des neuen Schuljahres mußte Avija sehr früh aufstehen. Der Nakorsaq hatte mit den Eltern gesprochen und verabredet, die Tochter für zwei Stunden täglich ins Krankenhaus zu nehmen. Sie sollte sich allmählich einarbeiten: eine Stunde vor der Schule und eine Stunde nachher.

So leise sich Avija von der Pritsche erhob, Onkel Unaleq hatte es doch gehört. Gegen Morgen hatte er einen ganz leichten Schlaf. Er knurrte die Frühaufsteherin an: »Früher warst du ein ruhiges und stilles Kind, genau wie deine Großmutter, deren Namen du trägst. Aber jetzt hältst du Tag und Nacht keine Ruhe!«

Ächzend und räuspernd suchte er nach seiner Pfeife. Avija nahm einen Schluck Wasser und kaute an einem Zwieback. Dann schlüpfte sie durch den Gang nach draußen.

Das Schneeland lag regungslos und einsam. Nur am Himmel war Bewegung. Die Sterne funkelten wie Lampen. Plötzlich schien es Avija, als würden die Nebelschleier der Milchstraße lebendig. Einzelne Fetzen lösten sich und wehten auf der Straße der Toten dahin.

Avija kannte keine Angst, sie war mit der Einsamkeit aufgewachsen. Doch jetzt fühlte sie sich in der unendlichen weißen
Landschaft allein und verlassen. In der Ferne gleißte die Wand
des Inlandeises. Aus den kaum sichtbaren Erdhäusern fiel kein
Lichtschimmer, die Schulkinder schliefen noch. Doch dafür begann jetzt am Himmel ein Nordlicht zu spielen, wie so oft um
diese Jahreszeit. Die Lichtbüschel huschten über das Inlandeis,
und jetzt senkten sie sich ganz tief hinunter.

»Das sind sicher die Großeltern«, murmelte das Mädchen. »Sie
gehen auf der Milchstraße.« Avija hatte die Eltern der Mutter
noch gut gekannt und sehr gern gehabt. Und als nun der helle
Schein auch sie einhüllte, meinte sie den Geistern der Toten
ganz nahe zu sein. Langsam und versonnen ging sie am Schulhaus vorbei. Nur ein Fenster war erleuchtet, die Lehrersleute
standen wohl gerade auf. Das Krankenhaus dagegen schickte
Licht aus allen Fenstern. Krankenschwestern mußten früh heraus, wenn sie mit ihrer Arbeit fertig werden wollten.

Freudig begrüßte die Benze ihre neue Helferin. »Das ist ja
schön, daß du nun zu uns kommst. So ein großes und kräftiges
Mädchen können wir brauchen. Hier hängst du deine Sachen
auf, und nun trinke erst einmal eine Tasse Tee, und iß ein Stück
Brot. Das tut gut bei der Hundekälte!«

Avija wußte nicht, wie ihr geschah. War das die ewig mürrische
Benze? Fröhlich half sie die Diele kehren und stellte eine Schüs-
sel mit halb zerschmolzenen Eisstücken auf den Ofen, damit die
Brocken schneller zergingen. Bald füllte sich die Schüssel mit
warmem Wasser. Die Benze forderte sie auf: »Du kannst die
Kinder waschen!«

Das Mädchen trat in die Krankenstube. Vielstimmiges Geschrei begrüßte sie: »Avija, Avija!« Meqo sprang vor Freude aus dem Bettchen und war kaum zu beruhigen. Die neue Krankenhelferin nahm die Waschschüssel, die am Nachttischchen aufgehängt war – jedes Kind hatte seine eigene – und goß Wasser hinein. Dann griff sie nach Waschlappen und Seife und begann bei ihrem Schwesterchen mit der Morgenwäsche.

Als sich Avija etwas ungeschickt anstellte, nahm ihr die Benze den Lappen aus der Hand. »So macht man das«, meinte sie streng und reichte ihr das Handtuch. Avija trocknete Meqo ab und steckte sie wieder ins Bett.

Nun ging es zum nächsten Patienten, einem Jungen. Er hieß Tarteraq, wurde aber wegen seiner ständigen Unruhe »Zappel-Tarteraq« genannt. Doch er hielt ganz still, als ihn Avija mit dem Lappen bearbeitete.

»Und nun mußt du noch die kleinen Töpfe leeren, die unter den Betten stehen«, rief die Benze im Hinausgehen. Sobald die Kinder fertig waren, nahm Avija das erste Nachttöpfchen und kippte den Inhalt zum Fenster hinaus. Die Kinder lachten.

Da kam auch schon die Benze und rief: »Was machst du denn da? So bekommen wir doch den ganzen Gestank ins Zimmer, wenn wir lüften. Du mußt den Inhalt hier in den großen Eimer gießen und die Töpfchen mit Wasser nachspülen. Den Eimer tragen wir weit genug fort.« Avija merkte, wie viel sie noch zu lernen hatte.

Die Benze brachte einen Eimer mit sehr heißem Wasser. Dann wischte Avija das Zimmer auf. »Schnell, schnell«, mahnte die Benze, »sonst friert das Wasser auf dem Boden, und wir haben nachher die schönste Schlitterbahn!«

Nun nahm die Benze die neue Gehilfin mit in die Küche. Dort

stand ein großer Topf Hafergrütze auf der Herdplatte, schon
gekocht. »Hier ist der Löffel! Mit dem rührst du jetzt die
Grütze schön gleichmäßig um, denn sonst setzt sie an!«
Avija brauchte ihre ganze Kraft, die Grütze in Bewegung zu
halten. Die Benze nahm inzwischen kleine Schüsselchen aus
dem Schrank und eine Pappdose. Die Dose enthielt ein weißes
Pulver, von dem die Benze ein wenig in die Grütze schüttete.
»Das ist Kalk, davon bekommen die Kinder starke und gerade
Knochen. Und hier ist der große Löffel. Damit füllst du jeden
Napf etwa halbvoll. Ja, so ist es richtig.«

Wieder hielt die Krankenschwester etwas in der Hand, dieses Mal eine Flasche. Gelber, dicker Saft lief heraus, ein guter Schuß auf jeden Grützeberg.

»Das ist Vitamin«, sagte die Benze beinahe feierlich. Sie betonte das fremde Wort auf der vorletzten Silbe und zog das A ganz lang. »Das macht alle Kranken gesund.«

Avija fing mit dem Finger einen Tropfen auf und leckte daran. Er schmeckte ganz süß. »Was ist denn das, dieses Vitamin«, fragte Avija. Die Benze wurde etwas verlegen. »So genau weiß ich das auch nicht. Der Nakorsaq sagt, es sei auch in der Walhaut und in der Leber der Robben, sogar in ihren Nieren.«

Avija schüttelte den Kopf. »Das kann nicht stimmen. Ich habe meinem Vater oft geholfen, eine Robbe auszunehmen. Aber weder in der Leber noch in den Nieren war solch ein Saft und in der Walhaut auch nicht!«

Die Benze blickte Avija an. »Wenn es doch der Nakorsaq sagt! Er muß es doch wissen!«

Avija stutzte, dagegen war nichts einzuwenden, der Nakorsaq mußte es wissen. Vielleicht steckte das Vitamin in dem Saft. Aber wie sollte man sich das denken? Oh, da blieb noch viel zu lernen, viel mehr als die Benze je gelernt hatte.

»So, nun nimm das Tablett und trage die Näpfe hinein. Stelle alle auf den Tisch. Ich komme dann mit den Löffeln.«

Meqo sprang wieder aus dem Bettchen und wollte sich gleich über ihre Grütze hermachen. »Aber nun warte doch, du hast ja noch keinen Löffel!« Draußen klangen die Schritte der Benze. Eilig huschte die Kleine wieder unter ihre Decken.

Jetzt fiel Avijas Blick auf den Wecker. »O Schreck! Die Stunde ist längst um, ich muß zur Schule!«

»Bis heute mittag«, rief die Benze der Davonstürzenden nach. Eilig lief Avija zu dem großen Haus, dessen Fenster leuchteten und den Weg wiesen. Herr Hansen hatte mit dem Unterricht schon angefangen. Das Mädchen entschuldigte sich. »Ich war im Krankenhaus und habe nicht auf die Zeit geachtet!«

Der Lehrer nickte. »Ich weiß, aber das nächste Mal bist du pünktlich.«

Avija bejahte und setzte sich. Ihre Gedanken wirbelten durcheinander. Die Küche, die Krankenstube, die Flaschen, die Kalkdose, das Vitamin ... Was mochte der Nakorsaq wohl gemeint haben? Der Nakorsaq ...

Da klang Herrn Hansens Stimme in ihre Gedanken: »Wie heißt der König von Dänemark, Avija?«

Das Mädchen stand auf und blickte verwirrt um sich. »Nakorsaq«, sagte sie. Einen Augenblick herrschte Stille. Dann brach ein gewaltiges Gelächter los. Die Kinder trampelten vor Vergnügen, daß die Petroleumlampe unter der Decke hin- und herschwankte. Auch Oline und Alut lachten Tränen. Nur Qatsiaq beteiligte sich nicht, sie lächelte nur ein wenig.

»Was habe ich denn Dummes gesagt?« fragte Avija zu Qatsiaq hinüber.

»Du hast ›Nakorsaq‹ gesagt, aber der ist doch nicht König von Dänemark!«

Nun mußte Avija selbst lachen. »Du bist eben in Gedanken spazieren gegangen«, meinte der Lehrer. »Wahrscheinlich warst du im Krankenhaus.«

Das Mädchen nickte: Herr Hansen hatte es erraten. Die Stunde ging mit viel Unruhe zu Ende. Jedes Mal, wenn eine Frage verkehrt beantwortet wurde, hörte man flüstern:

»Der hat einen Nakorsaq im Kopf.«

Dann begann das Kichern von neuem.

In der Nähstunde zeigten die Mädchen zuerst ihre Weihnachtsgeschenke. Puto wies ihren Anorakstoff vor. »Eigentlich gehörte er meiner Mutter, doch mein Vater wollte diese Farben nicht an ihr sehen. Er sagte, sie glichen einer amerikanischen Fahne mit den roten und weißen Streifen und dann noch die Sterne dazwischen.«

»Das ist wahr«, riefen zwei, drei. »So eine Fahne trug auch das Schiff, das im Herbst kam!«

»Und ich habe doch das Schiff gegossen in Blei«, sagte Avija und holte ihre Sylvesterfigur aus den Kamikken.

»Zeige es mal herum, das haben gewiß nicht alle gesehen«, meinte Frau Hansen.

»Ja wirklich? Ein richtiges Schiff! Willst du denn mit einem richtigen Schiff fahren?«

»Ja! Für mein Leben gern! Ich war schon mit Puto und Qiajuk auf dem amerikanischen Dampfer. Dort hat es mir gut gefallen: der große Saal mit den Polsterstühlen, den Tischen und dem Spiegel. Die Männer waren sehr freundlich. Wir haben sogar Kakao bekommen.«

»Und ich habe meinen umgeworfen«, ergänzte Puto.

»Auf so einem Schiff möchte ich schon fahren«, fuhr Avija fort, aber da machte die Lehrerin der Unterhaltung ein Ende. »Nun an die Arbeit. Heute sollt ihr das Nähen von Fellen lernen. Da kommt Olines Mutter, die wird euch alles erklären und zeigen. Ich verstehe ja nichts davon, so habe ich sie gebeten, in dieser Stunde eure Lehrerin zu sein. Paßt nur gut auf!«

Tante Amauglaliq war eingetreten und begrüßte Frau Hansen.

Sie hatte eine Anzahl Felle mitgebracht: von Blaufüchsen, Weißfüchsen, Hasen und sogar ein Eisbärenfell. Daran sollten die Mädchen das Nähen lernen.

Die Tante breitete das Eisbärenfell auf dem Tisch aus. Dann fragte sie: »Hat eine von euch noch etwas zum Nähen mitgebracht? Ihr wußtet doch, daß heute Felle genäht werden sollten!«

Da meldete sich Puto. »Ich habe drei Hosen von zu Hause bei mir, eine von meinem Vater und zwei von meinen Brüdern. Die sind schon dünn und alt. Meine Mutter läßt bitten, nach diesen Mustern doch drei neue Eisbärenhosen zu machen. Sie bezahlt sie auch!«

Tante Amauglaliq blickte etwas verwundert. »Drei Hosen aus einem Eisbärenfell? Das könnte gehen, wenn man richtig zu-, schneidet. Gib mal her, wo hast du die Hosen?«

Puto holte unter der Bank einen Mehlsack hervor. »Hier sind sie drin!« Sie legte den Sack auf den Tisch und zog an den Fellhosen. Nun griff auch Frau Hansen mit zu und faltete das Paket auseinander. Eine Wolke von Mehlstaub wirbelte gegen die Decke. Dann kamen die drei alten Hosen zum Vorschein.

Auf einmal ließ die Lehrerin die Hände sinken und prallte zurück. »Puh«, sagte sie, denn mit dem Mehlstaub stieg auch eine Gestankwolke in die Höhe. Die Kinder lachten. Aber Frau Hansen hielt sich ein Taschentuch vor die Nase. Sie wollte etwas sagen, würgte aber nur einige unverständliche Laute hervor.

Dann rannte sie zur Tür, immer noch das Taschentuch vor dem Mund. Als die Lehrerin draußen war, brach ein tolles Gelächter los.

»Sie kann keine getragenen Hosen riechen«, rief Qatsiaq, und

134

von neuem lachten alle, denn solche Gerüche waren sie gewöhnt.
Schließlich kam Tante Amauglaliq wieder zu Wort. Sie zog ihr
Zentimeterband hervor. »Jetzt messe ich die alten Hosen aus
und übertrage die Maße auf meinen Papierschnitt. Nun lege
ich die einzelnen Papiere auf das Fell und zeichne mit Kohle
an, wie ich schneiden muß. Seht ihr, ich bekomme alle drei Hosen heraus!«
Bald saßen alle und übten sich in der Kunst, Fellstücke anein-
anderzunähen.
»Morgen müssen noch die Hasenfelle gekaut werden, damit sie
haltbar bleiben. Wer es noch nicht richtig kann, dem zeige ich
es!«
Die Mädchen zogen unwillige Gesichter. Puto und Qiajuk mur-
melten: »Das können wir schon lange, wir haben unserer Mutter
oft genug geholfen.«
»Wie ist es denn mit dir, Avija«, fragte die Tante.
»Nein, ich will auch nicht Fell kauen. Das ist mir widerlich.
Außerdem macht es die Zähne stumpf.«
Tante Amauglaliq seufzte. »Aber was willst du Dummerchen
denn später einmal tun, wenn du verheiratet bist, und dein
Mann Felle zum Gerben nach Hause bringt?«
»Ich will gar nicht heiraten! Ich werde Krankenschwester«,
trumpfte Avija auf. »Warum soll ich hier überhaupt Pelze
nähen? Ich muß doch für das Krankenhaus lernen, ganz andere
Dinge als Hosenstücke aneinandernähen!«
Sie murrte in sich hinein. Endlich war die Stunde herum. Avija
rannte zum Krankenhaus, sie verabschiedete sich von Tante
Amauglaliq und Alut kaum. Die Benze zog sie sofort in die
Küche. »Wir essen erst. Setze dich hierher!«

Es gab Robbensuppe, danach einen tüchtigen Teller voll Fleisch mit Soße. Zunächst aß Avija mit dem Löffel. Doch beim Fleisch griff sie mit den Fingern zu, wie sie es gewöhnt war. Nur die größten Stücke zerschnitt sie mit dem Messer. Die Benze dagegen handhabte eine kleine Gabel mit vier Zinken, ähnlich einer vierfachen Harpune. Damit stach sie die Stücke an und schob sie in den Mund.

Verblüfft sah Avija ihr zu. Wieder etwas Neues! Sie versuchte es nachzumachen, aber bald fiel ihr die Gabel hin, bald rutschte das Fleisch von den Zinken, bald stach sie sich in die Lippen.

»Nimm nur die Finger«, forderte die Benze sie auf. »Du brauchst nicht alles am ersten Tage zu lernen.«

Während des Essens erzählte sie die Neuigkeiten. »Der Nakorsaq ist nach Qanaq gefahren. Heute früh kam ein Mann mit einem Schlitten und hat ihn geholt. Ein Fänger liegt krank, mit einem angeschwollenen, roten Arm, genau wie dein Vater im vergangenen Herbst. Aber nun wollen wir die Kinder füttern.«

Wieder begann das Füllen der Schüsselchen. Es ging schon leichter als am Morgen. Die Patienten hüpften ungeduldig in ihren Bettchen. »Kommst du nun jeden Tag«, wollte Meqo wissen.

»Ja, Meqo, morgens und mittags. Hier sind zwei gefrorene Eidervogeleier, die ich dir mitgebracht habe.«

Meqo griff begeistert nach dem lange entbehrten Leckerbissen und steckte sie unter die Decke, um sie aufzutauen. Als alle satt und die Schüsseln gespült waren, wollte Avija nach Hause gehen. Aber draußen wirbelte ein heftiger Schneesturm. Zugleich stieß eine Windbö gegen das Haus.

Avija vermochte die Tür nur mit Mühe aufzudrücken. Unschlüssig spähte sie durch einen Spalt hinaus in das Gestöber. Sie hätte den Heimweg zur elterlichen Hütte noch gefunden, aber gar zu gerne wäre sie auch im Krankenhaus geblieben. Auf einmal stand die Benze neben ihr. »Bei dem Wetter kannst du nicht fort! Du bleibst hier!«

Wer war froher als Avija. Die Benze behielt recht: der Wind wuchs in kürzester Zeit zum Sturm an, so schnell wie immer hier in Thule. Mit aller Wucht drückte er auf das Haus, mit jeder Minute wütender. Man spürte in der Krankenstube deutlich den Zug, trotz der doppelten Fenster.

Die Kinder mußten in den Betten bleiben und wurden warm zugedeckt. Das Haus begann zu ächzen und zu stöhnen. Im Schornstein heulte es wie ein Rudel hungriger Hunde. Eine Kiste, die auf einmal von irgendwo herbeisauste, krachte gegen die Hauswand.

Die Benze starrte benommen in die schneewirbelnde Dunkelheit. »Du lieber Himmel, der Nakorsaq ist vielleicht noch gar nicht in Qanaq. Entsetzlich! Hoffentlich findet er rechtzeitig eine Höhle. Sein Begleiter kennt ja den Weg, doch der Nakorsaq ist so etwas nicht gewöhnt!«

Sie jammerte noch eine Weile. Avija tröstete sie schließlich. »Ich habe auch mit Alut, Oline und Qatsiaq einen Sturm auf dem Inlandeis abgewartet, in einer Höhle. Es war ganz gemütlich!«

»Gemütlich, sagst du! Du hast wohl den Verstand verloren! Was heißt hier gemütlich?«

Der Sturm raste fort. Avija mußte die Nacht im Krankenhaus verbringen. Am Morgen brach das Unwetter ebenso schlagartig ab, wie es begonnen hatte. Avija lief zur Schule. Der Tag ging hin und auch der folgende Vormittag. Kurz nach Mittag kam der Nakorsaq zurück, müde und erschöpft. Er hatte tatsächlich den Sturm in einer Höhle bei Qanaq abwarten müssen, war aber noch rechtzeitig eingetroffen, um den kranken Arm zu retten. »Es ist wieder eine Blutvergiftung gewesen, vielleicht durch eine kleine Wunde oder einen Knochensplitter. Hätte der Mann Jod gehabt und aufgepinselt, wäre gar nichts passiert«, sagte der Arzt.

»Was ist Jod«, fragte Avija.

Der Narkorsaq zeigte ihr ein kleines Fläschchen mit gelber Flüssigkeit. »Jodtinktur«, entzifferte sie auf dem bedruckten Zettel.

»Wenn man das um eine Wunde herumpinselt, werden die kleinen Entzündungserreger tot gebissen, und dann gibt es keine Entzündung. Vergiß es nicht!«

Gerade wollte Avija fragen, was denn Entzündungserreger seien, da sagte der Nakorsaq: »Bist du auch gerne hier?«

Avija wurde rot vor Freude und Eifer. »Sehr gerne! Ich lerne ja jeden Tag etwas Neues. Am liebsten bliebe ich ganz hier!«

Je länger die Sonne fort war, um so grimmiger biß die Kälte. In der dunkelsten Zeit konnte Avija, wie alle anderen Kinder, nicht in die Schule gehen, auch nicht ins Krankenhaus. Wer nicht unbedingt vor die Tür mußte, blieb zu Hause. Schon das Hereinholen der Vorräte vom Fleischgerüst bedeutete eine mühsame Arbeit. Mit dem Beil mußten die Brocken losgeschlagen werden, und sie brauchten lange, um aufzutauen. Avijas Hunde durften immer noch im Eingangskorridor liegen. Das war zwar für die aus- und eingehenden Menschen hinderlich, aber die armen Tiere froren draußen trotz ihres Pelzes erbärmlich.

Zum ersten Male fühlte sich Avija beengt und unwohl. Im Krankenhaus war vieles so anders; die Menschen benahmen sich dort anders. Niemand rülpste wie Onkel Unaleq, und niemand schnitt das Fleisch mit dem Messer vor dem Mund ab. Sie sagte ganz offen, was ihr zu Hause nicht mehr gefiel. Begeistert vom Krankenhaus glaubte sie ehrlich, alle müßten sich nach ihren neuen Sitten richten.

»Laß das«, tadelte sie, als dem Onkel wieder einmal ein mächtiger Rülpser entfuhr, »das tut man nicht!«

Der Onkel starrte sie aus seinen faltenumgebenen Augen verwundert an. Er brummte: »Ich bin es gewöhnt. Wer tut es nicht?«

»Der Nakorsaq tut es nicht und die Benze auch nicht«, erwiderte Avija.

»Das sind neue Moden, die von den Dänen kommen. Das geht uns nichts an.«

139

»Doch, das geht uns wohl an. Auch die kleinen Kinder im Krankenhaus lernen richtig essen.«

»Was heißt richtig essen? Was soll das sein?«

»Man schneidet das Fleisch auf dem Teller klein und führt es mit einer Gabel zum Mund!«

»Was ist nun das wieder? Eine Gabel?«

»Ein Stiel mit vier spitzen Enden. Damit sticht man die Brokken auf dem Teller an und steckt sie in den Mund. Aber bei uns gibt es so etwas gar nicht! Dann nimm wenigstens den Löffel und iß das Fleisch damit, wie es Meqo jetzt lernt!«

Onkel Unaleq sah ratlos von einem zum anderen, auch die Eltern saßen ein wenig verlegen da. Alut dagegen lachte. »Du lernst aber im Krankenhaus viel, was du gar nicht brauchst!«

»Davon verstehst du nichts. Wenn du mal nach Kopenhagen kommst, mußt du das alles können!«

»Das ist mir gleich. Ich komme nicht nach Kopenhagen!«

»Aber ich, und deshalb ist es mir nicht gleich!«

»Meinst du, Onkel Odaq konnte wie die Dänen essen, als er mit Knud Rasmussen nach New York und Kopenhagen kam? Er hat niemals davon erzählt, daß die Leute ihn deswegen ausgeschimpft hätten.«

Avija zog ein beleidigtes Gesicht. »Ich schimpfe ja gar nicht!«

Solche Gespräche gab es häufiger. Die Familie atmete auf, als die Tochter wieder ins Krankenhaus gehen konnte. Der Vater sprach mit der Mutter darüber. »Ich weiß nicht, ob die Arbeit beim Nakorsaq das richtige für unsere Tochter ist?«

»Aber sie will doch Krankenschwester werden, da muß sie im Krankenhaus lernen. Vielleicht vergißt sie das Unnütze wieder.«

»Hoffentlich! Wenn sie später heiratet, muß sie noch andere Dinge können.«

Die Mutter seufzte. »Neulich hat mir Amauglaliq erzählt, Avija habe sich in der Schule geweigert, Felle zu kauen. Gewiß, kein Mädchen tut das gern, aber so geht das auch nicht!«

Der Vater sog an der Pfeife und dachte nach. »Mir fällt etwas ein, was unserer Tochter bestimmt gefallen wird und was jeder lernen muß: ein Schlittengespann lenken!«

Die Mutter stimmte eifrig zu. »Avija hat Hunde immer gern gehabt. Ihre beiden hat sie gut gepflegt. Im vorigen Jahr hat sie die fünf Jungen von der hellen Hündin groß gezogen, die du aus Godthaab hast schicken lassen. Die Tiere hängen noch immer an ihr.«

»Daran habe ich auch gedacht. Ihre zwei und die fünf von der hellen Hündin zusammen ergeben ein Gespann, gerade gut für einen Kinderschlitten. Ich werde einen bauen, und du nähst das Zuggeschirr.«

Seit diesem Gespräch arbeitete der Vater oft bei Alut in der Schreinerei. Die beiden verwendeten keinen Nagel und keine Schraube. Sie verbanden die einzelnen Holzteile nur mit Lederriemen: die Kufen, die Querhölzer und die Sitzbretter.

Als sie fertig waren, sagte der Vater zufrieden: »Jetzt kann der Schlitten auch über Steine hüpfen, ohne zu zerbrechen.«

Um Mitte Februar kündigte sich die Wiederkehr der Sonne an. Im Südpunkt des Horizonts leuchtete ein feuriges Rot, und die höchsten Gipfel des Inlandeises strahlten den Schein zurück. In der Schule strichen die Kinder am Kalender die Tage aus: am 25. Februar würde die Sonne wieder aufgehen!

Einen Tag vor dem großen Ereignis lief Avija fröhlich nach

Hause. Der letzte Tag war auf dem Kalender abgestrichen. Sie blickte zum Himmel und freute sich über das Rosa, das gegen Süden in richtiges Morgenrot überging. Die Sonne stand vor der Tür! Die Polarnacht wollte enden, der Polartag begann. Schneehaufen und Felsen warfen violette Schatten.

Da war das Winterhaus. Ikaleq und Qatsiaq rannten ihr bellend entgegen. Avija streichelte sie, es waren große, starke Tiere geworden den Winter hindurch. Vor dem Haus stand der Vater, neben ihm ragte ein langer Kasten empor. Hinter ihm lag ein großer Haufen Lederriemen, und um ihn wimmelten fünf Hunde. »Das sind die Jungen von der neuen Hündin«, dachte Avija.

Da winkte der Vater. »Komm mal her: deine Hunde sollen Gesellschaft bekommen.«

Avija spitzte die Ohren. Natürlich mußten Ikaleq und Qatsiaq jetzt zu den anderen Hunden nach draußen, sie konnten nicht immer im Gang schlafen. Der Frühling kam ja!

Der Vater sprach weiter. »Die fünf Südgrönländer sollen dir gehören.«

Avija blieb einen Augenblick überrascht stehen, dann sprang sie vor Freude in die Höhe. »Jetzt habe ich ja ein eigenes Gespann!«

»Freilich hast du das! Und hier ist auch ein Schlitten, der für dich paßt.« Er deutete auf den langen Kasten. Avija erkannte einen Kinderschlitten, etwa so lang wie der Vater groß war. »Ich habe ihn mit Alut in der Schreinerei gezimmert!«

Eilig kippte Avija das Gefährt um, so daß es richtig auf dem Schnee stand. »Sogar zwei Aufständer hast du hinten angebracht zum Bremsen und Halten, genau wie bei einem Reiseschlitten. Und in der Länge ist er gerade richtig für sieben Hunde. Quajanaq-suak, vielen Dank!«

Bewegt blickte die Tochter auf den Vater, der das alles so selbstverständlich vorbrachte, als überreiche er ein Stück Zwieback. Sie blickte den Vater lange an, als sähe sie ihn zum ersten Mal: die untersetzte Figur, die alte Wollmütze, den geflickten Anorak und das gute Gesicht mit den Sorgenfalten! Sie wollte auf ihn losstürzen, ihn zu umarmen, da meinte der Vater: »Schirre deine Hunde mal an!«

In diesem Augenblick kroch Alut aus der Tür und wollte helfen. Aber Avija wehrte ab. »Laß nur, ich muß es auch ohne Hilfe können.« Die hellen Südgrönländer ließen sich willig anschirren, sie kannten das schon. Aber Ikaleq und Qatsiaq machten lauter dummes Zeug. Sie warfen sich hin und her, streiften die Riemen ab und schnappten nach Avijas Händen. Endlich nach ein paar Klapsen standen sie still und steckten den rechten Lauf durchs Zuggeschirr, das über die Brust ging. Schließlich lag der Hundefächer in richtiger Ordnung vor dem Schlitten.

»Hier ist deine Peitsche«, sagte der Vater und gab ihr den kurzen Stock mit der endlos langen Schnur in die Hand. »Du kannst ja damit umgehen. Triff nur nie den Führerhund! Wen willst du als Leithund einfahren?«

»Da, den großen in der Mitte. Utaq ist der stärkste! Er kennt mich gut.«

Avija ließ die Peitsche ein paar Mal knallen, daß es vom Thulefjell widerhallte. Ihr Gesicht glühte vor Eifer, und ihr Haarknoten wollte sich auflösen. Sie achtete nicht darauf. Nun trat auch die Mutter aus der Tür. Von nebenan kamen Tante Amauglaliq und Oline gelaufen.

»Mein erstes Gespann! Mein erstes Gespann«, rief Avija ihnen entgegen.

»Nun fahre los«, mahnte der Vater.

Avija saß auf und rief: »Eh.« Die Peitsche knallte und die Tiere zogen an. Wie bei einer richtigen Schlittenreise begannen die Hunde zu heulen. Auch die beiden Neulinge Ikaleq und Qatsiaq warfen sich ins Geschirr: sie lernten das Ziehen von den anderen. Wie eine Feder glitt der Schlitten dahin. Avija fuhr ein Stückchen und wendete wieder um. »Die Hunde kommen! Die Hunde kommen«, riefen alle, die vor der Tür standen. Nacheinander mußten sie aufsitzen und mitfahren: zuerst der Vater und zuletzt Oline. Von einem Mal zum anderen ging es besser. Die Hunde und Avija wurden sicherer, Kutscher und Zugtiere gewöhnten sich aneinander.

144

Am glücklichsten waren die Eltern. »Es gibt auch hier viel
Nützliches, was die Leute in Kopenhagen nicht haben. Vielleicht
vergißt unsere Tochter ihre Reisepläne. Hier kann sie genauso
lange Fahrten machen wie in Dänemark!«
Sie sahen dem Schlitten nach. Avija und Oline fuhren jetzt
zum Krankenhaus. »Meqo soll auch etwas von dem neuen Gespann haben«, meinte Avija siegesgewiß. Aber da enttäuschte
sie die Benze. »Nein, heute nicht! Morgen wenn die Sonne
scheint, gerne! Sonne tut unseren Kranken gut, deswegen heute
noch nicht!«
Irgendwie mußte die Neuigkeit auch in die Krankenstube ge-
drungen sein, denn plötzlich preßten sich lauter Kindergesichter
an die Scheiben. Avija winkte mit der Peitsche, und die Kleinen
winkten zurück. Gerade wollte sie hineingehen, um die Patien-

ten auf morgen zu vertrösten, da kam der Nakorsaq aus der Tür.

»Na, sieh mal an! Unsere neue Helferin mit einem Gespann! Gehört es dir?«

»Ja, das sind meine Hunde«, sagte Avija stolz. »Darf ich dich ein wenig herumfahren?«

»Aber gerne! Wenn du mich nicht umwirfst und in den Schnee fallen läßt?«

»Nein, das tun meine Hunde nicht. An so kleine Fahrten hier sind sie schon gewöhnt und an meine Peitsche auch. Paß mal auf!«

Sie knallte ganz dicht über den Köpfen der Hunde, ohne sie zu treffen. Sofort legten sich die Hunde hin. Sie knallte ein neues Signal, und sofort standen die Tiere wieder auf. Der Nakorsaq machte ein verwundertes Gesicht. »Die gehorchen aufs Wort«, meinte er und saß auf.

Ein lautes »Eh« und ein neues Signal mit der Peitsche. Mit Heulen stoben die Hunde davon. Avija fuhr durch die ganze Siedlung, daß der Schnee aufwirbelte, überall begrüßt von dem Ruf: »Die Hunde kommen! Die Hunde kommen!« Dann setzte sie ihren Fahrgast wieder vor der Tür des Krankenhauses ab.

»Quajanaq-suak«, sagte der Doktor. So viel eskimoisch hatte er schon gelernt.

»Wenn ich bei dir eine richtige Schwester bin, dann fahre ich dich zu allen Kranken, auch nach Qanaq«, versprach Avija.

»Morgen fahre ich die Kinder hier in die Sonne.«

»Das ist schön, aber nur so lange die Sonne scheint! Bis morgen«, verabschiedete sich der Nakorsaq.

Am nächsten Morgen ging Avija früher nach Hause, um pünktlich mit ihren Hunden am Krankenhaus zu sein. Überall saßen die Leute vor den Türen. Der Himmel leuchtete in einem gläsernen Blau. Eine Menge Kinder warteten schon auf das neue Gespann und schrien von weitem: »Die Hunde kommen! Die Hunde kommen!«

Avija und die Benze verpackten die Patienten warm und setzten sie auf den Schlitten. Gerade waren sie fertig, da ging die Sonne auf. Die ganze Kinderschar starrte geblendet auf den Feuerball, der langsam über die südlichen Berge heraufrollte. Die Hunde stimmten ein unendliches Geheul an, als wollten sie das Licht begrüßen.

Wie betäubt blickten die Menschen in die Sonne. Aus Freude über ihre Wiederkehr streiften sie Fäustlinge und Kapuzen ab. Nach vier dunklen Monaten erschien sie zum ersten Mal, wenn auch nur für zwanzig Minuten.

»Cra, cra, beeile dich, beeile dich«, hörte Avija auf einmal Meqo sagen. Die Peitsche knallte. Fort ging es im Galopp. Die Hunde legten sich gewaltig ins Geschirr.

»Sie spüren die Sonne«, murmelte Avija und schloß die Augen. Das ungeheure goldene Licht tat ihr weh. Wieder fuhr sie um die ganze Siedlung. Die Kleinen schrien vor Begeisterung.

»Ihr müßt den Mund zumachen«, mahnte Avija, aber es nützte nicht viel. Rasch lenkte sie den Schlitten zurück. Die Benze und der Nakorsaq standen immer noch vor der Tür. Sie lobten die Gespannführerin.

»Du kannst es aber schon sehr gut!«

»Ich bin auch oft mit meinem Vater gefahren und mit meinem Bruder Alut, aber eben niemals allein. Das muß ich jetzt lernen!«

Dann trug sie mit der Benze die Kleinen ins Haus. Die Sonne verschwand hinter den Bergen. Sie bemalte den Himmel mit roten und gelben Farben. Von nun ab erschien sie jeden Tag zwanzig Minuten länger und im April ging sie dann gar nicht mehr unter.

Mit der steigenden Sonne gerieten die Menschen in Unruhe. Nach der Wiederkehr des Lichts pflegten die Thuleleute trotz der großen Kälte lange Schlittenreisen zu machen, um Verwandte zu besuchen. Jeden Tag sah man Schlitten davonstieben. Oft mußte Herr Hansen die Schule ausfallen lassen.

Um die Mitte des Monats März kam Avija eines Tages voller Aufregung nach Hause. »Denkt euch, der Nakorsaq muß nach Qanaq fahren, um nachzusehen, ob die Leute dort auch alle gesund sind. Und Meqo kommt für den Sommer aus dem Krankenhaus wieder zu uns!«

Die Familie saß stumm vor Staunen da. Endlich fragte der Vater: »Wer fährt denn den Nakorsaq?«

»Bis jetzt hat er noch niemanden aufgefordert.«

»Nun, dann könnte ich ihn doch fahren. Mutter und Alut fahren auch mit. Vielleicht hat Onkel Odaq auch Lust, Qanaq zu besuchen.«

»Ja, das wäre herrlich! Ich nehme Meqo auf meinen Schlitten. Mein Gespann ist jetzt so eingefahren, daß es gut bis Qanaq laufen kann.«

Gleich nach dem Essen rannte Avija zum Krankenhaus zurück, um den Vorschlag mit dem Nakorsaq zu besprechen. »Mein Vater will dich fahren. Wir haben zwei große Reiseschlitten: einen lenkt mein Vater, den anderen mein Bruder Alut. Du sitzt bei meinem Vater, meine Mutter fährt mit Alut, und ich nehme Meqo auf meinen Schlitten und dazu deine Sachen in der Ledertasche!«

»Dann kommst du also auch mit?«

»Aber natürlich! Es soll ja meine erste große Fahrt werden mit eigenem Schlitten, quer über den Politikengletscher zur Inglefieldbucht.«

»Das ist ja prächtig! Dann kann die Benze hierbleiben und auf das Krankenhaus aufpassen.«

»Bei uns bleibt Onkel Unaleq hier und achtet auf unser Haus.«

»Nun, dann bist du in Qanaq meine Krankenschwester.«

Avija erglühte vor Stolz, ihr schwindelte fast. Auf dem Heimweg besuchte sie noch schnell Onkel Odaq und Tante Amauglaliq, um ihnen die Neuigkeit mitzuteilen. Beide waren sofort dabei. »Wir fahren gerne mit. Die Inglefieldbucht hat gute Robben- und Walroßjagd. Vielleicht treffen wir sogar einen Eisbären.«

Die Augen des alten Jägers funkelten. »Wann soll es denn losgehen?«

»In zwei Tagen fahren wir. Vier Schlitten zusammen!« antwortete Avija begeistert.

Die Zeit flog mit Vorbereitungen dahin. Reisepelze und Schlafsäcke wurden nachgesehen, aufgegangene Nähte wieder zugezogen, Gewehrläufe geputzt und im Laden Munition gekauft. Zwei Zelte und drei Spirituskocher bildeten die Ladung. Dazu kamen Töpfe, Tüten mit Kaffee, Zwiebackbeutel und Säcke mit gefrorenem Fleisch.

Eine stattliche Karawane versammelte sich zur festgesetzten Zeit beim Krankenhaus: drei große Reiseschlitten und Avijas kleines Gefährt. Vor jedem Holzkasten liefen fünfzehn Hunde, mit Avijas Gespann waren also über fünfzig Hunde beisammen, alle gut gefüttert für den 120 Kilometer langen Weg.

Die Benze band sorgsam die Tasche des Nakorsaq auf Avijas Schlitten fest. »Paß gut auf, daß du nichts verlierst. Vor allem nimm die gläsernen Spritzen in acht. Du weißt ja, wie schnell sie zerbrechen. Laß nur die Tasche nicht hinfallen.«

Avija versprach alles. Man sah ihr an, daß sie eher ihr Leben hergeben würde als die Tasche des Nakorsaq. Der Vater fuhr als erster los. Der Weg führte zum Strand hinunter, dann schnurstracks nach Norden über das Fjordeis zum Gegenufer. Dort mußte der Anstieg auf den Politikengletscher bewältigt werden. Hinter dem Vater reihten sich die anderen Schlitten ein: Alut, Onkel Odaq und am Schluß Avija.

Der Vater galt als der beste Fahrer in Thule. Er benutzte die Peitsche selten und sprach dafür mit den Hunden. »Nun, ihr kleinen Biester, gebraucht eure Pfoten! Voran, voran, Lieblinge! Lauft, lauft, der Schnee ist nicht tief und das Eis ist glatt!«

Die Tiere stellten ihre Schwänze hoch und liefen mit Begeisterung. Auf dem glatten Meereis sausten die Gespanne dahin wie der Wind. Avija hatte Mühe mitzukommen. Meqo rief aus ihrem Schlafsack ihr: »Cra, cra! Vorwärts, vorwärts!« Hunde, Schlitten und Menschen warfen blaue Schatten auf die sonnenbestrahlte Fläche.

Die rasche Fahrt endete am Hang des Politikengletschers. Durch ein Elvtal krochen die Gespanne langsam nach oben. »Absteigen! Absteigen«, mahnte der Vater. Auch Avija lief nebenher, nur Meqo blieb sitzen. Als der Hang steiler wurde, begannen die Schlitten rückwärts zu rutschen. Alle packten die Aufständer und schoben von hinten nach, um den Hunden die Arbeit zu erleichtern.

Oben dampften alle vor Anstrengung. Der Nakorsaq wischte sich sogar den Schweiß von der Stirn. Die Sonne ging gerade unter, als sie die Hochfläche des Gletschers erreichten. Langsam fuhren sie weiter unter einem grünblauen Himmel, der nach Süden von der untergegangenen Sonne rosa überhaucht war. Der Weg stieg allmählich. Die Kufen rumpelten über Eisbuckel, Risse mußten umfahren werden. Der Gletscher strotzte von Unebenheiten. Avijas Schlitten schaukelte hin und her.

Meqo begann zu jammern: »Ich will zur Mutter! Hier falle ich noch herunter!«

Avija beruhigte die Schwester. Dann feuerte sie die Hunde an und überholte die ganze Reihe. An der Spitze rief sie dem Vater ihr »Ai, ai« zu. Sofort hielt die Kolonne. Die Mutter nahm Meqo auf den Schoß.

»Nun können wir auch unsere Zelte aufschlagen und Kaffee kochen, wenn wir schon halten«, schlug der Vater vor.

»Ja, ja«, stimmte der Arzt zu. »Mein Thermometer zeigt 48 Grad Celsius unter Null! Kein Wunder bei dieser Höhe!« Während alle mit zufaßten und die Schlitten abluden, bedachte der Vater die weitere Reise. »Müde genug sind wir, und den Schlaf können wir gut brauchen. Morgen kommt der zweite Teil des Aufstiegs, danach der Abstieg – und zwar ein Stück zu Fuß, das ist das Schlimmste!«

Schnell waren die Zelte aufgestellt. Bald brannten die Spirituskocher. Eisbrocken zerschmolzen zu Wasser. Die Männer zündeten ihre Pfeifen an. Der Nakorsaq trampelte umher und schlug sich die Arme unter die Schultern.

»Hm, das tut gut«, meinte er, als er den heißen Kaffee hinunterschlürfte. Dann krochen alle in ihre Schlafsäcke.

Alut und Avija erwachten als erste. Sie kochten Tee, den der Nakorsaq gestiftet hatte. Da wurden auch die anderen munter. Nach dem heißen Tee wurden die Schlitten gerichtet.

Bald knirschten die Kufen wieder über das Eis. An vielen Stellen hatte der Wind den Schnee beiseite gefegt und zu glitzernden Hügeln getürmt. Stundenlang ging es zwischen solchen Mauern dahin. Oben auf der Höhe des Gletschers, wo sein Buckel nach Qanaq abzufallen begann, wurden die Hunde unruhig. Sie schnüffelten und strebten vorwärts.

»Was haben sie nur«, dachte Avija. Dann sah sie, was die Tiere neugierig machte. »Da kommen uns zwei Schlitten entgegen!«

Die Hunde stürzten aufeinander zu, um sich zu begrüßen. Die Schlitten hielten. Auf dem ersten saßen Leute aus Kap York, die in Siorapaluk gewesen waren und jetzt nach Hause zurückfuhren. Sie kannten Onkel Odaq.

»Wohin wollt ihr denn«, fragten sie.

»Wir fahren mit dem Nakorsaq nach Qanaq!«

Von dem zweiten Schlitten stieg jetzt ein alter Mann. Es war Enok, der frühere Katechet von Thule, ein ehemaliger Mitarbeiter und Freund Knud Rasmussens. In jungen Jahren galt er als der beste Fänger weit und breit; Avijas Vater hatte als kleiner Junge viel von ihm gelernt.

Die Begrüßung war herzlich. Avijas Vater erinnerte daran, wie Enok ihm einen Kajak gebaut hatte. »Einmal hast du mir das Leben gerettet. Ich verstand vom Kajakfahren noch nicht viel und schlug oft mit meinem Boot um. Dabei lief dann viel Wasser in den Kajak. Einmal so viel, daß ich mit eigener Kraft nicht mehr hoch kam. Da hast du das Boot umgedreht, ehe ich erstickte.«

»Ja«, entsann sich der alte Mann. »Damals wußte man noch nicht so recht, wie man das Einstiegloch ganz dicht machte. Das habt ihr erst von mir gelernt.«

»Seitdem denke ich immer an dich, wenn Wellen über mein Boot schlagen, ohne mich naß zu machen.«

Der Vater sprach laut. Doch ein Windstoß riß die Worte weg, so daß der alte, schwerhörige Enok nur die Hälfte verstand.

»Du hast dich naß gemacht«, fragte er, und legte die Hand an sein Ohr.

Alle lachten laut.

»Jetzt nicht, damals«, erläuterte der Vater.

Wieder lachten alle. Auch Enok lachte mit, obwohl man seinem Gesicht ansah, daß er immer noch nicht verstanden hatte.

»Ihr müßt euch beeilen, in der Inglefieldbucht kommt Sturm auf«, rief er und bestieg wieder seinen Schlitten.

Eilig verabschiedeten sie sich. Der Weg führte allmählich nach unten. Die Hunde strengten sich an, als hätten sie die Warnung des alten Enok verstanden. Aber gerade am Nordrand des Gletschers, wo der Abstieg zur Küste einsetzte, fegte ihnen eine ungeheure Schneewolke entgegen. Wie immer dauerte es nur Minuten, bis in der Luft eine brüllende, tobende Schneehölle war.

Bei einer Felswand hielten die Gespanne an. Die Schlitten wurden als Windschutz umgekippt und die beiden Zelte aufgeschlagen. Die Hunde rollten sich zusammen und ließen sich einschneien. Die Spirituskocher verbreiteten Wärme, Wasser brodelte, und in die erstarrten Füße kam wieder Gefühl. Die

Mutter wärmte Walfleisch, Alut und Avija fütterten die Hunde, und der Nakorsaq reichte seinen Tabaksbeutel herum.

Obwohl der Sturm ab und zu eine Handvoll Schnee hereinwarf, wurde es gemütlich. Die Mutter summte die kleine Meqo in den Schlaf:

> »Krank und schwach liegt meine Tochter
> seit dem Herbst!
> Kein Spiel macht sie froh,
> die mich sonst immer
> mit ihrem Lachen erfreute!
> Unaja . . . Unaja!«

Onkel Odaq begann von seinen Bärenjagden zu erzählen, wie so oft, wenn er sich ganz wohl und behaglich fühlte. Als er gerade wieder eine Geschichte von Nanoq, dem Eisbären anfangen wollte, legte sich der Sturm. Die letzten Wolken trieben davon.

Nach einem kurzen Galopp über den Inglefieldsund sahen sie die winzigen Fensterchen von Qanaq leuchten. Die Leute hatten die Besucher schon von weitem erkannt und Walfleisch aufgesetzt. Jetzt standen sie am Strande und verteilten schnell die Reisenden auf die sieben Häuser, aus denen die Siedlung bestand, damit die Gäste rasch ins Warme kamen.

Noch niemals waren Avija die niedrigen Stuben so gemütlich vorgekommen wie in Qanaq. Die Sturmreise hatte nicht nur den Nakorsaq, sondern auch die Thuleleute bis auf die Knochen durchkältet. Und doch, welcher Schmutz fand sich in fast allen Wohnungen! Keine Bildertapete versteckte die rohen Steinwände, niemand spülte Töpfe und Teller, und das Händewaschen war hier offenbar unbekannt.

Kein Wunder, daß so viel eiternde Wunden auf Behandlung warteten, wenn auch zum Glück kein schwerer Fall. Avija trug die Tasche des Nakorsaq von Haus zu Haus, bereitete Spritzen vor, wenn sie nötig wurden, wechselte die Injektionsnadeln, pinselte Jodtinktur, riß Verbandszeug in passende Streifen und übersetzte alles, was der Nakorsaq sagte und was die Leute nicht verstanden. In der drückenden Enge der Häuser war die Arbeit viel schwerer als in Thule. Das kleine Krankenhaus kam Avija jetzt wie ein Tanzhaus vor, so viel Platz war dort.

»Die Benze hätte es auch nicht besser gemacht als du«, lobte der Nakorsaq am Schluß. Avija glühte vor Stolz wie die aufgehende Sonne. Sie spürte, daß sie etwas gelernt hatte, daß sie mehr gelernt hatte als die anderen in der Schule.

>»Die kleine Möwe
schwebt über unseren Köpfen,
starrt und schreit.
Ihr Kopf ist weiß.
Ihr Schnabel öffnet sich weit:
Die kleinen runden Augen
sehen weit, sehen scharf.
Qutiuk . . . qutiuk!«

So sangen die Kinder. Aber bis jetzt war nur der Sturmvogel gekommen. Er hatte weiße, lange Windwolken mitgebracht. Mit ihm kam auch der warme Südwind, der Eis und Schnee schmolz und Lawinen donnernd ins Rollen brachte. Doch bald drehte sich der Wind. Wieder fegte Eisluft aus Nordwesten über die Küste. Der Winter kehrte zurück. So ging es den ganzen April hindurch. Erst im Mai fraß die Sonne einige Löcher in die Schneedecke.

Trotzdem konnte Avija die kleinen Patienten mit ihrem Schlitten in die Sonne fahren, auch Meqo. Über die felsigen Stellen des Bodens rumpelten die Kufen einfach hinweg.

»Du hast ja nur sechs Hunde in deinem Gespann«, fragte eines Tages der Nakorsaq.

»Ja, meine Qatsiaq kann ich nicht einspannen. Ihr ist die lange Reise nach Qanaq nicht bekommen. Sie schont den rechten Vorderlauf und humpelt seitdem auf drei Beinen.«

»So, so, das ist vielleicht eine Sehnenentzündung.«

»Mein Vater wurde schon ungeduldig und wollte sie totschießen. Da habe ich laut geschrien: ›Qatsiaq darf nicht sterben.‹ Es ist ja meine Lieblingshündin!«

»Na und? Was hat dein Vater getan?«

»Er hat sie am Leben gelassen.«

Der Nakorsaq lächelte ein wenig. »Bringe deine Qatsiaq morgen einmal mit. Ich möchte mir das Bein ansehen.«

Dankbar blickte Avija den Nakorsaq an. Der Doktor wollte immer zuerst helfen, der Vater griff sofort nach der Flinte. Am anderen Tage brachte sie die Hündin mit. Der Arzt befühlte das Bein. Qatsiaq winselte und jaulte ganz erbärmlich.

»Sie hat eine Sehnenentzündung, einfach durch Überanstrengung. Bei völliger Ruhe wäre die Entzündung längst geheilt. Sie darf das Bein überhaupt nicht gebrauchen und muß ganz still liegen. Du kannst sie hier auf dem Korridor lassen, auf einem Sack. Jedes Mal, wenn du hier bist, pinselst du das Bein mit Jod und machst kalte Umschläge. Dann wird sie bald wieder richtig laufen können.«

»Quajanaq-suak«, dankte Avija und machte schleunigst ihrer Hündin ein weiches Lager. Die Benze schimpfte, als der Nakorsaq in seiner Stube verschwunden war. »Das fehlte noch, daß ich auch kranke Hunde pflegen soll!«

Aber Avija wußte jetzt, wie man die brummige Schwester behandeln mußte. »Qatsiaq ist doch ein armes Tier; seit sechs Wochen hat sie nun ein krankes Bein. Hier bei dir wird sie bestimmt gesund, du pflegst ja alle, bis sie ihre Krankheiten los sind!«

Die Benze brummte, brachte aber noch einen Sack an. »Dann hat sie es etwas weicher.«

So lief Avija fröhlich nach Hause, weil sie ihre Hündin gut

versorgt wußte. Jeden Morgen, wenn sie im Krankenhaus arbeitete und in der Schule saß, hatte sie mit Bangen an Qatsiaq gedacht. Am Ende erschoß der Vater das kranke Tier doch, während sie nicht zu Hause war. Nun hatte der Nakorsaq alle diese Sorgen behoben. Avija wollte ihre Dankbarkeit beweisen, wußte aber nicht wie. Da zeigte ihr der Arzt selbst einen Weg. Eines Tages klagte er:

»Unsere Fleischvorräte gehen zu Ende. Das Krankenhaus braucht Nachschub. Woher bekommen wir jetzt frisches Fleisch?«

»Ganz einfach! Jetzt geht die Robbenjagd auf. Die Seehunde sonnen sich nun auf dem Eis, sie schlafen richtig in der Sonne. Dann schleichen sich die Jäger leise heran und schießen sie.«

»Ah, davon habe ich noch nichts gehört. Ob dein Vater oder dein Bruder mich mal mitnehmen? Ein gutes Gewehr habe ich selbst.«

»Ich werde es Alut sagen. Er nimmt dich bestimmt mit. Ich fahre dich auf meinem Schlitten.«

»Warum müssen wir mit dem Schlitten fahren?«

»Weil es weit ist und um möglichst nahe ohne Lärm an die Robben heranzukommen. Auf dem glatten Meereis läuft der Schlitten ganz ruhig, und die Pfoten der Hunde hört man auch nicht.«

»Also dann bis morgen, wenn möglich! Ich putze mein Gewehr. Und vergiß nicht, deine Qatsiaq allmählich wieder an das Gespann zu gewöhnen. Sie ist jetzt gesund und braucht nicht mehr zu humpeln.«

Am nächsten Tag brachte Alut rechtzeitig Avijas Gespann zum Krankenhaus und holte danach auch sein eigenes. Stolz lenkte

Avija ihr Gefährt zur Bucht hinunter. Alut folgte ihr. Da stob noch ein dritter Schlitten herbei, mit fünfzehn Hunden davor. Der Vater und Onkel Odaq hatten auch Lust bekommen, den Nakorsaq zu begleiten und ihm die Robbenjagd zu erklären und zu zeigen.

Man begrüßte sich mit lustigem Peitschenknallen und sauste dann auf das Meereis hinaus. Die Sonne strahlte vom Himmel. Die weite Schnee- und Eisfläche glitzerte fast unerträglich. Avija mußte wie die anderen ihre hölzerne Schneebrille aufsetzen, weil die Augen weh taten. Fröhlich jagten die Gespanne dahin, am Thulefjell vorbei in Richtung der Saundersinsel. Erst weit draußen machten die Jäger halt.

Der Vater holte einen winzigen Schlitten hervor und zeigte ihn dem Nakorsaq. »Siehst du, hier vorne sitzt ein Rahmen mit einem kleinen Segel. Mitten darin ist ein Loch, um das Gewehr hindurchzustecken. Du schiebst den Schlitten immer vor dir her und mußt dich dahinter ducken, damit die Tiere dich nicht sehen. Zuletzt mußt du auf dem Boden kriechen.«

Avija übersetzte das Eskimoisch des Vaters, damit der Nakorsaq auch begriff, was er tun sollte. »Aber wo sind denn die Seehunde«, fragte er. »Ich sehe nichts!«

»Doch«, antwortete Avija, »ich sehe schon drei neben ihren Atemlöchern in der Sonne liegen. Da! Da!«

Der Nakorsaq folgte ihrem weisenden Finger mit dem Fernglas. »Ah ja, jetzt sehe ich sie auch. Vorwärts denn!«

Der Doktor und Alut krochen bedächtig vor. Onkel Odaq und der Vater tauschten sachverständige Bemerkungen aus. »Er macht es nicht schlecht! Jetzt mehr nach links! Von dort bekommen sie einen besseren Schußwinkel! Ja so ist es richtig!«

Endlich blieben die Jäger fest liegen. Avija sah, wie sie ihre Gewehre einrichteten. Zwei Schüsse krachten fast gleichzeitig. Mit Geheul und Peitschenknallen rasten die Gespanne los. Die Jäger tanzten herum und schwenkten die Gewehre. Zwei Robben lagen auf dem Eis. Avija und Alut flensten das Tier des Nakorsaq, weil ja der Doktor davon nichts verstand. Als die Hunde ihr Teil hatten, schleckte die Jagdgesellschaft Stücke der Robbenhaut, roh und ungekocht, wie sie war.

»Das ist gesund«, sagte der Nakorsaq, »darin sind Vitamine.«

Da war es wieder, das geheimnisvolle Wort, das schon die Benze gebraucht hatte. Nur betonte der Doktor das Wort auf der letzten Silbe: Vitamin. Und damals schmeckte der Vitaminsaft süß, jetzt schmeckte es wie Walfleisch. Aber ehe Avija mit dem Nachdenken fertig war, ging es weiter. Noch zwei Mal kamen die Männer zum Schuß.

Avija jubelte. »Drei Robben für das Krankenhaus! Da werden sich die Kinder freuen!«

Alut lachte. »Unser Vater und Onkel Odaq haben auch drei. Die siehst du wohl gar nicht!«

»Doch, aber das Fleisch für das Krankenhaus ist noch viel wichtiger.«

»Ach du, mit deinem Krankenhaus! Du gehörst schon ganz zum Krankenhaus!«

»Tue ich auch! Der Nakorsaq hat Meqo gesund gemacht, er hat auch meine Hündin gesund gemacht. Das hast du wohl vergessen!«

Da knallte der Vater mit der Peitsche, und die Gespanne setzten sich in Bewegung. Der Doktor war auf den großen Schlitten umgestiegen, denn Avijas Hunde hatten genug zu ziehen an den drei Robben. Das Mädchen blieb bis zum Abend bei der Benze, half die Beute zerteilen und aß auch seine Robbensuppe im Krankenhaus.

Auf dem Heimweg schmerzte Avija der rechte Arm. Trotzdem war sie glücklich, denn der Arzt und die Benze hatten sie gelobt. Nun, bald würde sie auf ihrem Schlafplatz liegen und alle Schmerzen vergessen.

Als Avija nach Hause kam, war die Mutter dabei, das Robbenfleisch zu zerteilen und es in eine Wanne zu legen. »Wo bleibst du denn so lange? Ich bekomme dich ja überhaupt nicht mehr zu sehen«, schimpfte die Mutter.

Mit fettigen und blutigen Fingern reichte sie Avija ihr Messer. »Da, bringe es zu Onkel Odaq. Vater schleift ihm gerade die Messer, und da kann er auch meines scharf machen.«

Avija sah nach oben. Da hingen schon zwei Robbenfellsäcke. Sie wußte, wie schwer es war, ein Robbenfell als Sack mit der Speckschicht vollständig abzuziehen. Das hatte sicher wieder Alut so gut gekonnt. Der Bruder stapelte oben auf dem Fleischgerüst die Brocken.

»Was träumst du denn«, fuhr die Mutter Avija an. »Mach voran, und komm sofort zurück. Wir wollen auch noch die letzte Robbe fertigmachen. Es ist ja hell genug!«

Als Avija mit dem frisch geschliffenen Messer zurückkam, prüfte die Mutter die Klinge. »Ja, jetzt geht es wieder. Hier nimm, und mach dich an die Arbeit!«

Die Mutter wickelte sich ein langes Stück Robbendarm um die Hand und verschwand im Hause. Avija drehte die letzte Robbe auf den Rücken und hob das Messer, um das Fell aufzuschlitzen.

Da sprang Alut herbei und fiel ihr in den Arm. »Bist du noch gescheit? Du kannst doch die Robbe nicht flensen! Wir brauchen noch einen Sack für Seekönige. Laß mich das mal machen. Halte nur die Robbe fest, damit ich an das Maul kann!«

Der sonst so ruhige Junge geriet immer in Aufregung, wenn es um das Einsacken von Seekönigen ging, denn Giviaq aß er für sein Leben gern. Während seine geschickten Hände das Fell allmählich in den Griff bekamen, schnitt Avija die Abfälle der Robbe in kleine Stücke für die Hunde. Als sie den Tieren das Futter hinwarf, fielen auch ein paar Tränen auf den Boden. Das Mädchen wischte sich die Augen und kroch in den Flur.

Im Hause roch es nach gekochten Robbendärmen. »Nun iß schnell, Avija, du wirst sicher großen Hunger haben«, mahnte die Mutter.

»Nein, ich danke! Ich habe schon im Krankenhaus gegessen.«

Die Stimme der Mutter wurde spitz. »Ach so! Da schmeckt es dir wohl besser. Da gibt es wohl süßen Pudding als Nachtisch. Hier gefällt es dir wohl überhaupt nicht mehr?«

Avija trotzte. »Nein, am liebsten schliefe ich auch im Krankenhaus! Hier riecht es immer nach Tran und Schweiß.«

Der Ärger im Gesicht der Mutter vertiefte sich. »Aus dir wird nie mehr eine richtige Thulefrau, wie es deine Großmutter war. Du trägst von ihr den Namen, aber sonst habt ihr keine Ähnlichkeit miteinander!«

Die Tochter gab keine Antwort. Sie wollte die Mutter nicht noch mehr aufbringen. Hatte die Mutter recht mit ihren Vorwürfen? Avija dachte an ihren ersten Gang zum Krankenhaus im Januar, als das Nordlicht sie ganz eingehüllt hatte. Damals fühlte sie sich der Großmutter nahe wie noch niemals in ihrem

Leben. War das nicht mehr so? Hätte die Großmutter sich nicht über den ewigen Tabakrauch geärgert, der den Pfeifen des Vaters und Onkel Unaleqs entstieg? Im Krankenhaus roch es besser als hier. Der Nakorsaq rauchte überhaupt nicht. Und so furchtbar wie Onkel Unaleq schnarchte im Krankenhaus bestimmt niemand!

Onkel Unaleq hatte aufmerksam zugehört. Er las auf Avijas Gesicht, was sie dachte. Im Grunde mochte er seine Nichte gern. Jetzt machte er sich Gedanken um sie. »Weißt du, Avija, mit Onkel Odaq ist vor vielen Jahren ein Mädchen zu den Weißen gefahren. Als sie zurückkehrte, konnte sie sich nicht mehr eingewöhnen. Ihre Seele war in dem fremden Land geblieben, und sie ist auch bald nach ihrer Rückkehr gestorben. Wenn du in das Land der weißen Männer kommst, so hüte dich, zuviel von ihrer Seele einzuatmen. Tust du das, so wird das viele Tränen verursachen, denn man kann nie wieder davon loskommen!«

Onkel Unaleq murmelte noch weiter, auch als sie schon lange auf der Pritsche lagen. Avija hörte seine Stimme immer ferner und ferner, bis der Schlaf sie forttrug.

Am Morgen hätte sie beinahe das Schrillen des Weckers überhört. Aber die Angst, zu spät ins Krankenhaus zu kommen, jagte sie von der Pritsche. Dort ging alles seinen geregelten Gang nach der Uhr; hier in ihrem Elternhaus hielt sich kein Mensch an die Zeit, sobald es immer hell blieb. Die Benze schlief wie die Patienten ihre Stunden und erwachte morgens frisch.

Im Krankenhaus empfing sie die Benze mit vertraulichem Lächeln. »Ich habe eine gute Nachricht für dich, du wirst dich freuen! Aber du sollst sie erst am Nachmittag erhalten, wenn du deine Arbeit getan hast!«

Die Kinder begrüßten Avija wie jeden Morgen mit Freudengeheul. Meistens brachte sie ihnen etwas mit. Auch heute verteilte sie Robbenspeck. Der Nakorsaq sah das gerne. »Darin sind Vitamine«, sagte er.

Den ganzen Tag dachte das Mädchen darüber nach, was die Benze ihr zu sagen hätte. Es mußte doch wohl etwas Gutes sein! Endlich beim Nachhausegehen kam die Benze mit ihrer Neuigkeit heraus. Mit wichtiger Miene flüsterte sie: »Für dich wird im Krankenhaus von Godthaab ein Platz frei. Ich habe es gelesen in einem Brief an den Nakorsaq. Du wirst doch in diesem Sommer vierzehn Jahre alt?«

Avija fuhr zusammen. Ohne ein Wort starrte sie in das runde Gesicht der Benze. Endlich raffte sie sich auf. »Nach Godthaab«, würgte sie hervor.

»Ja, nach Godthaab! Es hängt nur von deinem Alter ab. Du wirst doch vierzehn Jahre?«

»Ja, im Spätsommer«, flüsterte sie tonlos.

»Freust du dich überhaupt nicht«, fragte die Benze verblüfft. »Du machst ja ein Gesicht wie ein Hund, dem man das Futter weggenommen hat!«

»Nein, was soll ich in Godthaab? Dort sieht es genauso aus wie hier oder doch so ähnlich. Ich will nach Kopenhagen!«

»Du Dummerchen, was hast du nur gegen Godthaab? Das neue Ingrids-Hospital soll zehnmal so groß wie unser Krankenhaus hier werden, nein hundertmal so groß! Und der Laden ist so wie hier die ganze Siedlung . . .«

Die Benze war in Godthaab zu Hause und geriet in immer hellere Begeisterung. »Ganz neue Häuser sollen dort gebaut werden, so hoch wie sechs oder sieben von unseren hier übereinander! Der Nakorsaq hat es mir selbst erzählt. Außerdem ist es dort viel wärmer als hier.«

Avijas Gesicht verschloß sich. »Dort gibt es keine hohen Bäume wie in Kopenhagen und auch keine grünen Wiesen.«

Damit ging sie aus der Tür. Die Benze sah kopfschüttelnd hinter ihr her. »In Godthaab ist es viel grüner als hier«, murmelte sie.

Gedankenverloren schlenderte das Mädchen am Strand entlang. Wie unordentlich es hier aussah! Da lagen die Geranien, die Frau Hansen in der ersten kalten Nacht am Stubenfenster erfroren waren, leere Blechbüchsen, Haufen von Lumpen und Knochen. Auf keinem Bild von Kopenhagen war so etwas zu sehen. Im Winter hatte der Schnee alles zugedeckt. Eine nie gekannte Aufregung ergriff das Mädchen. Sollten ihre Träume von einer grüneren und bunteren Welt wirklich zu Ende sein?

»Avija, Avija!« Puto, Qiajuk und Oline liefen hinter ihr her. Die schweren Gedanken des Mädchens zerstoben. »Wohin wollt ihr denn? Wollt ihr Qatsiaq besuchen?«

»Nein, das hat keinen Zweck«, meinte Puto. »Qatsiaq ist sehr krank.«

Avija sah die Freundin ungläubig an. »Was? Sie fehlt doch erst seit zwei Tagen in der Schule!«

Die drei anderen redeten durcheinander. »Es muß ganz plötzlich gekommen sein. Sie hustete doch schon lange. Jetzt hat sie auf einmal Blut gespuckt!«

Avija erschrak heftig. »Was sagt ihr da?« Sie wußte aus den Reden der Benze so viel, daß dieses plötzliche Blut im Mund aus der Lunge kam. Da war doch die junge Frau von Kap York gewesen. Der Nakorsaq hatte sie lange behorcht mit seinem runden Kästchen und dann die Schultern gezuckt: »Da kann ich nichts mehr machen.« Die Frau war nach vier Wochen gestorben, und bei ihr hatte es auch so angefangen.

Avija wandte sich an Puto. »Ist denn der Nakorsaq schon bei ihr gewesen?«

»Nein, so viel ich weiß, nicht!«

»Dann muß er sie gleich besuchen. Er hat meine Hündin geheilt, er wird auch Qatsiaq heilen.«

Aufgeregt verabschiedete sie sich von den Freundinnen und eilte nach Hause. Ihre Gedanken kamen von der kranken Qatsiaq nicht los. Godthaab und Kopenhagen waren vollständig vergessen. Sogleich mußte der Nakorsaq zu Qatsiaq, am besten mit Vitaminen. Die halfen gewiß auch hier.

Aber als sie am nächsten Morgen noch vor der Schule zum Krankenhaus rannte, war der Arzt nicht da. Beim Unterricht fehlte Qatsiaq wie schon in den vergangenen Tagen. Am Nachmittag hatte Avija mehr Glück. Der Nakorsaq war gerade bei den kleinen Patienten, als sie wieder im Krankenhaus erschien. Hastig berichtete sie, was sie von Qatsiaq wußte.

»Komm«, sagte der Doktor schnell entschlossen. »Nimm meine Tasche und zeige den Weg.«

Sie fanden Qatsiaq auf der Pritsche. Kreisrunde, rote Flecken blühten auf ihren Wangen. Die Kranke strömte fast über vor Freude, als sie Avija sah. Sie wurde so aufgeregt, daß der Doktor nur mit Mühe ihre Lunge abhören konnte.

Dann blickte er sich in der dunklen, niedrigen Stube um. Avija merkte, wie er den Kopf schüttelte. Sie übersetzte seine Anweisungen.

»Qatsiaq muß nach draußen, an die Luft!«

168

Er hielt einen Augenblick inne und wandte sich an seine Helferin. »Wann ziehen denn die Thuleleute in ihre Sommerzelte?«

»Ungefähr Anfang Juni. Das richtet sich nach dem Wetter.«

»So lange kann die Kranke nicht warten. Haben Qatsiaqs Eltern ein kleines Zelt, in dem ihre Tochter allein untergebracht werden könnte?«

Avija fragte, und Qatsiaqs Eltern waren sofort bereit, eines von ihren Sommerzelten vor der Tür aufzuschlagen. Darin sollte die Kranke liegen, so viel es ging, an der frischen Luft.

Auf dem Heimweg fragte Avija: »Warum kommt Qatsiaq denn nicht ins Krankenhaus?«

»Dazu ist es zu spät. Die Tuberkulose ist so weit fortgeschritten, daß sie unsere anderen Patienten anstecken würde. Qatsiaq hätte rechtzeitig nach dem Süden gemußt. Der dunkle Winter hier taugt für die Lungen nicht.«

Avija hörte erschrocken zu. »Wird Qatsiaq nicht wieder gesund?«

»Das kann man nie wissen und voraussagen. Aber es steht schlimm genug.«

Avija grübelte. Ob die Kranke in Godthaab gesund geworden wäre? Kopenhagen wäre sicher noch viel besser gewesen. Kopenhagen!

Die Seevögel bringen den Frühling

In den nächsten Tagen gingen Avijas Gedanken unter in dem Wunder des Vogelzugs. Bis nach Thule schwärmten die Seekönige, Eiderenten und Alken aus. Wie benommen blickte das Mädchen in die gefiederten Wolken, die morgens vom Meer zu den Vogelbergen zogen, wo sie ihre Brutplätze hatten. Abends flogen sie wieder dem Meer zu, um Nahrung zu suchen an eisfreien Stellen. Immerzu sangen die Seekönige ihr süßes Lied. »Pi–u–u–li, pi–u–u–li«, trällerte Avija ihnen nach.

Vor drei Tagen waren Onkel Odaq und Alut zu den Vogelbergen über das Meer hinausgefahren. »Wenn die Sonne heute abend ganz niedrig im Norden steht, werden sie zurückkommen, dann müssen wir sie am Strand abholen«, hatte der Vater am Morgen gesagt. »Vielleicht helfen deine Freundinnen mit, die schweren Robbensäcke zur Vorratsgrube an der Bergwand zu tragen. Du weißt ja, daß der Nakorsaq Onkel Odaq verboten hat, schwer zu tragen.«

Und so stand Avija abends am Strand und strengte ihre Augen an. Die Freundinnen wollten auch kommen. Von weitem sah sie schon die beiden Gespanne über das brüchige Meereis holpern. Plötzlich hielt ihr Oline die Augen zu. »Oanga, ich bin es«, rief sie. »Puto und Qiajuk sind auch schon da!«

Avija freute sich. »Mein Vater kann nicht kommen, aber wir können jetzt die Robbensäcke allein tragen.«

»Wenn Onkel Odaq ausfällt, dann fehlt uns der sechste Mann«, meinte Puto. »Es sind doch drei Säcke zu schleppen, nicht wahr?«

Da erklang hinter ihnen die Stimme des Nakorsaq. »Wenn euch noch ein Mann fehlt, dann sind hier zwei«, sagte er lachend und deutete auf Herrn Hansen, der mit zum Strand gekommen war. Die Mädchen stimmten in das Lachen ein. »Das reicht, das reicht! Onkel Odaq darf doch nicht tragen, aber nun haben wir für ihn zwei neue Träger!«

Doch so weit kam es gar nicht. Schon von weitem sah man zwei Schlitten kommen. Alut und Onkel Odaq hielten lange Stangen in der Hand. Mit den Netzen daran winkten sie. Mit mächtigem Peitschenknallen und lauten Rufen bremsten die Jäger die Schlitten. »Wir freuen uns, so viele Sackträger hier zu sehen, um unsere erbärmliche und armselige Beute abzuholen«, rief Onkel Odaq. Der Onkel übertrieb gerne. Die drei Robbenhäute waren prall mit Seekönigen vollgestopft. Kaum lagen sie auf dem Boden, da begannen die Hunde zu heulen.

»Was haben sie nur«, fragte der Lehrer. Doch jetzt hörten es alle. In das Geheul der Hunde und das Kreischen der Möwen mischte sich ein fremdes, metallisches Brummen.

»Was ist das«, rief der Doktor. »Da, ein Flugzeug! Es schwenkt ein, es will hier landen!«

Avija sah, wie das brummende Ding hinter der Hügelwelle, jenseits des Thulefjells, niederging.

»Nichts Besonderes«, murmelte der Lehrer. »Sicher die Ablösung für die Wetterstation.«

Aber die anderen nahmen das Flugzeug nicht so gleichmütig hin. Ganz selten landete hier so ein fliegender Kasten.

»Wenn wir die Hunde abgeschirrt haben, legen wir unsere Säcke schnell beim Krankenhaus ab und klettern auf den Robbenhügel«, schlug Alut vor. »Von dort sehen wir den Flugplatz.«

»Robbenhügel« hieß die Bodenwelle, die vom Meer zum Inland lief und die Siedlung von der Landebahn abtrennte. Alle waren einverstanden. Nach dem langen, dunklen Winter war jeder neugierig, den ersten Boten aus der Welt der weißen Menschen zu sehen. Als sie oben ankamen, bot sich ihnen ein sonderbares Bild. Die Mädchen hielten die Hände vor den Mund voller Staunen.

Da stand das Flugzeug. Ungeheure Ladeluken gähnten an seinem Hinterteil. Riesige Türen breiteten ihre Flügel aus. Eine schräge Fläche führte aufwärts zur Schwelle der Türe. Eine Menge Männer gingen ein und aus und schafften die Ladung hinaus.

»Was ist denn das«, wollte Avija wissen. Niemand antwortete. Sie sah, wie ein gewaltiges, halbtonnenförmiges Blech aus der dunklen Ladeluke zum Vorschein kam und über die Schräge zum Rande des Flugplatzes wanderte. Es glich einer Konservendose, die man der Länge nach aufgeschnitten hatte. Da erschien auch schon ein zweites Blech, ein drittes, viertes, es wollte gar kein Ende nehmen. Auch eine Unmenge Kisten und Säcke tauchten auf, dazu Bündel von Spaten und Äxten.

Am Ende kroch ganz von selbst ein rot angestrichener Kasten die Schräge herunter. Vorne hatte er eine riesige Mulde so ähnlich wie eine große viereckige Backschüssel. Der Kasten mußte schwer sein, denn Avija hörte, wie die hölzerne Schräge krachte. Sie stieß Alut in die Seite. »Weißt du, wozu man so ein Ding gebraucht?«

»Ja, das ist ein Bagger. Er nimmt mit dem Kasten vorne Erde auf und fährt sie dann fort. Im vorigen Jahre haben sie schon so ein Ding gebracht, aber viel kleiner.«

Nun mußten die Männer mit dem Entladen fertig sein. Sie klappten die Ladetüren zu. Der Riesenvogel begann wieder zu brummen und zu heulen. Langsam rollte er über das Schneefeld. Auf einmal stieg er in die Luft, glitzerte noch eine Weile in der Sonne und verschwand nach Süden.

Voller Aufregung kam Avija nach Hause und bestürmte den Vater mit Fragen. Aber der Vater zuckte die Achseln. »Die halben Tonnen dienen sicher zur Vergrößerung der Wetterstation. Ich habe mal im Süden so etwas gesehen. Da hatte man diese runden Bleche auf den Boden gestellt, und darin wohnten dann Leute.«

»Aber was machen sie denn hier mit so vielen Blechhäusern?«

»Es gibt so viel Unerklärliches bei der Wetterstation. Wir sehen ja auch die kleinen Ballons aufsteigen. Wozu steigen diese Ballons auf? Wer weiß, was sie jetzt machen wollen?«

»Vielleicht weiß es Herr Holm«, sagte Alut. »Ich werde ihn morgen fragen.«

Alle versanken in Nachdenken.

Am späten Nachmittag kam wieder ein Flugzeug und am folgenden Mittag ein drittes. Die Leute wurden immer neugieriger. Wie groß sollte denn die Wetterstation werden? Mit jedem Flugzeug kamen neue Männer und Geräte.

Es war kurz nach der Ankunft des dritten Flugzeugs, als Avija aus der Stube des Nakorsaq Stimmen hörte. Der Arzt sprach mit dem Lehrer, Herrn Hansen.

Avija wollte gerade mit einem heißen, ausgewrungenen Aufnehmer den Korridor wischen. Leise und langsam hantierte sie mit Eimer und Lappen und lauschte angestrengt. Jetzt hörte sie etwas von »Alcona« und »Beltram«.

»Der Handelsverwalter behauptet, es sähe ganz so aus wie 1946, als die Alcona und Beltram kamen«, sagte der Lehrer.

»Was war denn damals? Ich weiß nichts davon, in Dänemark haben wir nichts gehört. Es war wohl auch nicht so wichtig für uns Dänen zu Hause.«

»Im Sommer 1946 erschien plötzlich ein amerikanischer Flottenverband vor der Thulebai: der Eisbrecher Northwind und die Frachter Alcona und Beltram. Sogar Unterseeboote sollen dabei gewesen sein. Die Dänen hier glaubten fest an eine Invasion der Amerikaner. Sie meinten, ganz Grönland sollte besetzt werden.«

»Aber hatte denn die Funkstation hier keine Nachricht aus Kopenhagen bekommen?«

»Das war ja das Tolle! In Kopenhagen hatte man glatt vergessen, hierher zu funken. Erst auf Anfrage erfuhr der Handelsverwalter, die Amerikaner hätten die Erlaubnis der dänischen Regierung, hier eine Wetterstation anzulegen.«

»Das ist ja kaum zu glauben!«

»Aber es war so. Die Transporter luden aus, und seitdem haben wir hier die Wetterstation, in der Dänen und Amerikaner gemeinsam arbeiten.«

Eine Weile schwiegen die Männer. Avija lauschte angespannt. Dann begann der Nakorsaq wieder. »Aber das hier sieht nicht nach Wetterstation aus. Es sind ja mindestens hundert Mann da und schon Berge von Material. Hat der Handelsverwalter keinen Funkspruch bekommen?«

»Rein gar nichts. Nur die Mitteilung: ›Kopenhagen hat Erlaubnis erteilt‹. Weiter kein Wort. Das Ganze scheint ein tiefes Geheimnis zu sein. Unter uns gesagt: die Amerikaner wollen hier wahrscheinlich einen Riesenstützpunkt errichten, für Düsenflugzeuge, um über den Pol zu fliegen.«

»Na, dann stirbt Thule! Wenn das Knud Rasmussen noch erlebt hätte. Dieser Krach wird sämtliche Tiere verscheuchen. Mit der Jagd ist es dann vorbei. Was soll denn aus den Menschen hier werden? Wovon sollen sie leben, sich wärmen, Licht machen?«

»Das interessiert niemanden. Eine so kleine Gemeinde spielt keine Rolle, wenn es um Weltpolitik geht!«

»Keine Rolle spielen? Was spielt dann eine Rolle? Knud Rasmussen und später wir Dänen haben solche großen Opfer gebracht! Doch nur, um diese Polareskimos zu erhalten.«

»Sie haben recht, wir sehen ja – und haben es schon im Süden gesehen – was aus den Eskimos geworden ist, wenn sie mit den sogenannten Segnungen der Kultur in Berührung kamen. Und auch hier kann es nur verheerende Folgen haben, so plötzlich und unvorbereitet damit überschüttet zu werden. Mir gefällt schon das viele Rauchen nicht.«

»Nun, das ist noch harmlos gegen den Alkohol. Wenn erst die Amerikaner kommen . . .«

Das Gespräch riß ab. Leise machte sich Avija wieder an die Arbeit. Drinnen rückten Stühle. Sie hörte den Nakorsaq sprechen.

»Nun müssen Sie mich entschuldigen, lieber Herr Hansen. Ich muß noch einen Hausbesuch machen. Ein trauriger Fall: die kleine Qatsiaq hat Schwindsucht im letzten Stadium. Die Eltern haben mir nichts gesagt. Aber ich hätte auch so nichts mehr machen können.«

»Was? Das Kind fehlt schon länger in der Schule. Doch für so schlimm hätte ich es nicht gehalten. Unsere Eskimos leiden ja dauernd an irgendwelchen Erkältungskrankheiten.«

»Leider, leider. Daran schuld sind allein die lange Winterdunkelheit und die überfüllten Erdhäuser.«

Die Tür öffnete sich. Avija wischte eifrig weiter und erwiderte den Gruß von Herrn Hansen halb abwesend. In ihrem Kopf wirbelte alles durcheinander. Der Doktor und der Lehrer hatten so schnell gesprochen, manche Wörter kannte sie gar nicht. Hundert Amerikaner! Was hatte Knud Rasmussen damit zu tun? Was war ein Düsenflugzeug? Was sollte mit Thule sein? Mußte Qatsiaq wirklich sterben? Hatte sie auch alles richtig verstanden?

Rätsel über Rätsel. Die Welt kenterte und zeigte sich von einer ganz neuen, unbekannten Seite.

Immer kräftiger strahlte die Sonne. In anderen Jahren saßen die Leute vor ihren Häusern und blinzelten in das neue Licht. Diesmal standen sie ständig auf dem Robbenhügel. Onkel Odaq und der Vater brachten ihre Ferngläser mit, die dann von Hand zu Hand gingen. Leise gemurmelte Bemerkungen machten die Runde, sooft ein Flugzeug landete.

»Sieh nur, schon wieder eins! Es hört seit einer Woche nicht mehr auf. Jeden Tag kommen mindestens zwei.«

Onkel Odaq überlegte: »Wieviel Männer mögen schon hier sein?«

Alut meinte: »Ich habe fünfhundert gezählt, die auf dem Flugplatz arbeiten.«

Der Vater überflog die langen Reihen der halbtonnenförmigen Blechhäuser und widersprach. »Es sind sicher mehr.«

Onkel Unaleq, der dabei stand, fiel die Pfeife aus dem Mund.

176

Man sah ihm an, daß diese Zahl über sein Verständnis ging. Avija rechnete ihm vor: »Das sind doppelt so viel Menschen, wie in ganz Thule wohnen.«

Der Onkel blickte sie entgeistert an. »Was wollen die denn hier? Bis jetzt arbeiteten doch achtzehn Mann auf der Wetterstation!«

»Du siehst ja, was sie tun.« Sie deutete in die Weite, wo die Bagger Schnee und Erde aufwühlten. Schwere Walzen planierten gleich hinter ihnen ein langes, schmales Band, das zum Inland führte. »Sie bauen eine Straße. Dahinten macht sie einen weiten Bogen, um auf die Höhe des Inlandeises zu kommen.«

Es donnerte kurz, abgebrochen über das Land. In der Ferne, dort, wo die Straße über die Randfelsen hinaufkletterte, stand eine dunkle Wolke.

Das Gesicht des Onkels wurde noch ratloser. »Das kann doch kein kalbender Gletscher gewesen sein? Donnerte da vielleicht eine Lawine herunter?«

Avija wußte aus der Schule, was vorging. »Nein, sie sprengen Felsen heraus, um Platz für die Straße zu schaffen.«

Der Onkel schüttelte den Kopf. »Sprengen? Was ist das?«

Avija wurde ungeduldig. »Die alten Leute wissen doch rein gar nichts«, dachte sie bei sich. Dann erklärte sie, was Herr Hansen in der Schule besprochen hatte. »Man bohrt Löcher in die Steine, stopft Pulver hinein und zündet es an. Dann fliegen die Felsen in kleine Stücke auseinander.«

Avija merkte, daß der Onkel nichts begriffen hatte. Aber sie hatte keine Lust, weiter die fremden Dinge zu erklären, die vor ihren Augen das Land veränderten.

»Sieh mal da«, rief sie, »die Amerikaner arbeiten auch am

Strand. An derselben Stelle, wo die Leute vom Vermessungsschiff die bunten Pfähle eingeschlagen haben!«

Alle drehten sich zum Strand um. Wahrhaftig, da rollte auch eine Walze. Blitzartig wurde den Zuschauern klar, daß diese donnernden und tobenden Neuigkeiten mit dem Vermessungsschiff im vergangenen Herbst zusammenhingen. Schon damals hatten irgendwo in der Welt weiße Leute sich mit Thule beschäftigt und Pläne gefaßt. Und niemand hier hatte etwas davon gewußt oder auch nur geahnt.

Aber es ergoß sich nicht nur Fremdes und Unbekanntes über Thule. Die Arbeiter, die ringsherum das Gelände aufwühlten, waren sehr kinderlieb. Als die Kleinen ihre Scheu verloren und sich unter die Arbeiter mischten, kamen sie oft mit Geschenken zurück. Auch wenn sie kein Wort von dem verstanden, was die Amerikaner redeten oder nur ein paar Brocken.

Eines Tages erschien Meqo mit Puto aufgeregt zu Hause. Sie hielt ein Päckchen hoch. »Das hat mir ein fremder Mann gegeben!«

Als Avija das Päckchen aufwickelte, fiel eine kleine Tafel Schokolade heraus und ein Tütchen Kakaopulver. Aber das war nichts gegen das, was Puto aus ihren Kamikken hervorkramte: zehn Tafeln Schokolade!

»Das kam nur von meinem Anorak«, erklärte sie. »Als die fremden Männer mich sahen, stießen sie sich an und sagten: ›Stars and Stripes‹. Dabei lachten sie.«

»Natürlich«, fiel Avija ein. »Du bist ja rot und weiß gestreift, mit Sternen dazwischen, nur das Blau fehlt!«

Alle freuten sich, bis auf Onkel Unaleq. »Laßt euch nichts von den Fremden schenken«, murrte er. »Robbenspeck ist besser als das braune, süße Zeug.«

Niemand hörte auf ihn. Der Onkel war aufgeregt, seitdem die Amerikaner auf dem Flugplatz arbeiteten. Er bekrittelte alles und jedes.

Meqo hielt immer noch ihre Geschenke in der Hand. Avija fragte sie: »Darf ich das Qatsiaq bringen?«

Meqo nickte. »Ja, die Schokolade.« Das Tütchen versteckte sie hinter dem Rücken. »Das behalte ich.«

Avija lachte und dankte dem Schwesterchen. »Qatsiaq freut sich sicher über deine Schokolade.«

Doch um ein Haar wäre der Besuch bei Qatsiaq gescheitert. Der Nakorsaq wollte nicht. »Ich sehe das nicht gern wegen der Ansteckungsgefahr. Geht noch jemand mit?«

»Ja, Puto will auch mitgehen.«

»Auf jeden Fall bleibt ihr nur kurz. Ihr dürft nichts essen dort und auch nichts trinken, verstanden!«

Avija versprach alles und machte sich mit Puto auf den Weg. Sie fanden die Kranke in ihrem Zelt. Ein Lächeln glitt über das fiebrige Gesicht, es wurde noch röter. Die Besucherinnen richteten Grüße aus.

»Es lassen alle gute Besserung wünschen, auch Frau Hansen und Oline. Sie wird in vierzehn Tagen mit ihren Eltern nach Kap York zurückkehren.«

Dann zogen sie ihre Mitbringsel aus den Kamikken: eine Tafel Schokolade von Meqo, drei von Puto und ein Päckchen Puddingpulver von Frau Hansen.

»Danke, danke«, flüsterte Qatsiaq. »Das esse ich gerne. Meine Mutter soll gleich Puddingsuppe kochen.«

Avija kroch in das Erdhaus, übergab Qatsiaqs Mutter das Puddingpulver und kehrte zu Qatsiaq zurück. Die Mädchen begannen zu erzählen. »Der Nakorsaq packt schon, im Juli kommt die Nora Tikerak und holt ihn ab und bringt zugleich einen neuen Nakorsaq. Auch Hansens fangen schon an, ihre Sachen zusammenzusuchen. Es kommt ja auch ein neuer Lehrer. Frau Hansen verträgt den kalten Winter hier nicht und will deshalb unbedingt zurück nach Kopenhagen.«

Avija bemerkte, wie diese Neuigkeiten Qatsiaq aufregten und wechselte schnell das Gespräch. »Die fremden Arbeiter bauen jetzt einen glatten Weg ins Innere zur Wetterstation hinauf. Sie haben unzählige Häuser und Zelte aufgestellt. Sie arbeiten sogar am Strand, wo die bunten Pfähle . . .«

»Das sind die Strandgeister«, sagte Qatsiaq dazwischen. »Sie tragen spitze Fellhütchen auf dem Kopf, ihre Hosen sind sonderbar kurz und aus Bärenfell. Sie haben lange Stiefel mit schwarzen Mustern und Pelze aus Seehundsfell. Ihre Füße zeigen nach oben, und sie scheinen nur auf den Hacken zu gehen. Die Arme halten sie mit gefalteten Händen hoch.« Qatsiaq faltete ihre Hände hinter dem Kopf, lachte und mußte husten. »Aber wie kommst du denn darauf? Die Amerikaner haben doch keine spitzen Hüte auf!«

Die Kranke blieb eigensinnig dabei. »Es sind die Strandgeister. Onkel Unaleq hat oft genug von ihnen erzählt. Sie sind vergnügt und ausgelassen, wie kleine, liebe, lebendige Püppchen. Sie kommen und holen mich . . .«

Da mußte sie wieder husten. Zwischen den einzelnen Anfällen brachte sie noch hervor: »Aber sie bringen Unglück. Unglück, hört ihr!«

Den Besucherinnen grauste es. »Sie phantasiert«, flüsterte Avija. Schweren Herzens verabschiedeten sie sich. Die Mahnung des Nakorsaq hatten sie nicht vergessen. Lange noch hörten sie hinter sich den keuchenden Husten im Zelt.

In anderen Jahren erwachte das gefrorene Land oft schon Anfang Juni. Dann wurden die schneefreien Stellen immer größer, gelber Mohn sah zwischen dem keimenden Gras hervor, und der Elv brauste gewaltig vom Inlandeis herunter. Doch in diesem Jahre ging es sehr langsam mit der Ankunft des Sommers. Die Bucht steckte auch noch im Juni voll Eis.

Die Mutter schimpfte fast jeden Tag mit dem Vater, und Tante Amauglaliq war ebenso böse auf Onkel Odaq. »Ihr steht den ganzen Tag auf dem Robbenhügel und schaut den Fremden zu! Was soll ich kochen? Daran denkt ihr nicht. Das Fleischgestell ist leer.«

Die Männer sogen heftig an ihren Pfeifen, aber es half nichts. Sie mußten sich aufmachen, obwohl wieder einmal Schnee das Land unter einer weißen Decke versteckt hatte. Avija bettelte so lange, bis sie mitdurfte. »Ihr braucht sicher auch noch meinen Schlitten, um die Beute nach Hause zu bringen.«

Onkel Odaq schlug eine Kajakjagd vor. Am Strand selbst schimmerte schon das blanke, offene Wasser. Weiter draußen wurde das Eis von Spalten, Rissen und breiten Kanälen durchzogen. Noch weiter draußen hatte sich das Eis in große Schollen aufgelöst, die sich knirschend und krachend aneinanderrieben.

»Wir lassen unsere Kajaks ins Wasser und jagen die auf den Schollen treibenden Robben. Um diese Zeit sind die Seehunde so schlafsüchtig, daß sie die Jäger kaum merken.«

So überlegte Onkel Odaq, und der Vater stimmte bei. Die Kajaks wurden auf den Schlitten festgebunden, Harpunen und Ferngläser mitgenommen. Durch den aufstiebenden Neuschnee ging es zum Strand hinunter. Ab und zu rollte der Donner kalbender Gletscher übers Land. Der nahende Sommer hatte die Eiswelt in Bewegung gebracht, trotz aller Schneefälle.

Mit Ferngläsern suchten die Männer die Bucht ab. »Überall schwarze Punkte, es sind Robben genug da«, murmelte Onkel Odaq. »Auf denn, ins Wasser mit den Kajaks!«

Die schmalen Lederboote glitten hinab. Der Vater und Onkel Odaq stiegen ein und schnallten sich in der engen Einstiegsöffnung fest. Sie riefen Avija und Alut allerlei Ermahnungen zu. »Gebt gut auf die Hunde acht. Braucht nur die Peitsche, wenn sie die Schlitten ins Wasser zerren wollen!« Die Tiere kannten natürlich diese Vorbereitungen und witterten schon die Beute. Unruhig liefen sie am Strand hin und her und heulten erbärmlich.

Nur Qatsiaq, die wieder wie früher auf vier Beinen in Avijas
Gespann lief, rieb ihren Kopf an den Beinen ihrer Herrin.

Die Geschwister sahen die Jäger fortpaddeln, durch breite
Rinnen und um große Schollen herum. Manchmal schien das
Treibeis ihre Boote zu zerdrücken, doch im letzten Augenblick
entkamen sie in eine neue Öffnung. Da wurde die erste Harpune geworfen. Avija richtete das Fernglas, das ihr der Vater
gegeben hatte, auf die Stelle.

»Der Vater hebt die Faust! Eine Robbe!« Jede hochgehobene
Faust bedeutete einen erlegten Seehund.

Jetzt harpunierte der Onkel. Auch er meldete einen Seehund. Die Jäger kamen zurück mit je einer Robbe längsseits. Die Beute wurde an Land gezogen. Die Jäger stiegen aus. Alut nahm sein Messer und öffnete mit einem Riesenschnitt von der Schnauze bis zum Schwanz die erste Robbe. Eilig nahm er die Leber heraus und einige Speckschnitten. Jeder bekam einen tüchtigen Bissen.

»Darin ist Vitamin, daher schmeckt es auch so gut«, lobte Avija.

»Du mit deinen Weisheiten«, lachte Alut sie aus. »Mir schmeckt es auch ohne Vitamine.«

Avija zog ein beleidigtes Gesicht und war erst wieder versöhnt, als ihre Hunde einen besonders großen Brocken bekamen. Dann stießen die Kajaks erneut ab. Avija übernahm wieder das Fernglas. Unermüdlich verfolgte sie die kleinen, zerbrechlichen Boote, die sich durch das Treibeis hindurchwanden. Manchmal konnte sie gar nichts von ihnen sehen. Aber Avija erschrak nicht und vertraute darauf, daß die Kajaks bald wieder an anderer Stelle zum Vorschein kommen würden. Bessere Kajakfahrer gab es in ganz Thule nicht, als den Vater und Onkel Odaq.

»Da! Was ist das?« Avija hielt mit ihrem Glas auf eine bestimmte Stelle des Horizonts. Irgend etwas Ungewohntes war in ihr Glas geraten. Sie drehte an den Schrauben, um mehr Schärfe in das Gesichtsfeld zu bekommen.

Da war es wieder!

»Alut! Alut! Guck doch mal durch das Fernglas! Hier nimm! Da über die beiden Zacken des Eisberges hinweg! Hast du es?«

»Ich habe es. Ehee! Was ist das?«

»Laß mich noch einmal hindurchgucken!«

Avija blickte wieder auf die sonderbare Stelle. Dann nahm Alut von neuem das Fernglas und ließ es lange nicht von den Augen.

»Ich glaube, das ist ein Schiffsschornstein.«

Avija stimmte sogleich zu. »Du hast recht. Ich habe es mir gleich gedacht, wenn man auch das Schiff nicht sieht.«

»Nein, der Schiffsrumpf liegt unter dem Horizont.«

»Ob das die Nora Tikerak ist, die den Nakorsaq holt und den Lehrer?«

»Unsinn, die kommt erst in einem Monat. Wie sollte sie auch durch das Eis kommen? Nein, das muß etwas anderes sein.«

Die Geschwister gerieten in Aufregung. Alut feuerte mit seiner Flinte zwei Schüsse ab. »Sofort zurückkommen«, hieß das. Es dauerte eine Weile, bis die Kajaks wieder da waren.

»Nun, was ist denn«, fragte der Vater nicht allzu freundlich. Eine Störung während der Jagd liebte er gar nicht. Avija reichte ihm das Fernglas.

»Sieh mal hindurch, über die beiden spitzen Zacken weg zum Horizont.«

Der Vater richtete das Glas ein. Dann ließ er ein erstauntes Grunzen hören. Er sagte kein Wort und gab das Glas an Onkel Odaq weiter. Als der Onkel die Horizontstelle abgesucht hatte, meinte er: »Das ist ein Schiff, das vor der Eisgrenze draußen liegt. Es kann nicht weiter durch das Packeis. Die Bucht ist noch gesperrt.«

»Aber was will denn ein Schiff so früh hier«, fragte der Vater.

Bedächtig antwortete der Onkel: »Es ist nicht mehr zu früh. Im vorigen Jahr um diese Zeit war das Eis schon verschwunden.

Niemand konnte wissen, daß es in diesem Jahr so lange vorhalten würde.«

Ohne ein weiteres Wort luden sie die Beute auf die Schlitten. Niemand saß auf, damit die Hunde es nicht zu schwer hatten. Nur zu oft knirschten die Kufen über Steine, die Schneedecke war dünn.

»Das wird in diesem Sommer eure letzte Schlittenfahrt gewesen sein, ihr kleinen Biester«, sprach der Vater zu den Hunden. Für die Tiere begann mit dem Sommer eine hungrige Zeit. Sie blieben nämlich bei dem Erdhaus zurück, wenn die Familie in die Zelte zog und mußten sehen, wie sie durchkamen.

Avija schaute nachdenklich auf die Wand des Inlandeises, die unter der Sonne aufstrahlte. Nebelschleier flogen jetzt über den Himmel, während das Licht sich zum Horizont hinabsenkte.

»Es sieht aus wie Verbandsgaze«, murmelte Avija. Ihre Gedanken gingen ins Krankenhaus. Da hörte sie die Stimme des Vaters.

»Warst du heute eigentlich beim Nakorsaq?«

»Nein, es sind nur noch wenig Kranke da, und der ...«

Avija brach mitten im Satz ab, denn die Gespanne waren angelangt. Sie schirrte ihre Hunde ab und spielte noch ein wenig mit Ikaleq und Qatsiaq. Alut brachte ihr für die Tiere einen tüchtigen Batzen Fleisch. Sie schnitt ihn in kleine Stücke und fütterte ihre Lieblinge. »Eßt nur, soviel ihr könnt. Bald beginnen für euch schlechte Zeiten, wenn wir unten in den Zelten wohnen. Aber ich bringe euch schon was! Ich werde euch versorgen!« Dann kraulte sie nicht nur Qatsiaq, sondern auch den Führerhund Utaq und ging ins Haus.

Sie fand drinnen die Mutter beim Fellkauen. Das Leder mußte

geschmeidig und haltbar werden. Als Avija ihren frischen Robbenspeck gegessen hatte, griff sie ohne zu fragen nach einem Hasenfell und begann zu kauen. Die Familie wunderte sich, sonst hatte sich Avija immer gegen solche Arbeit gewehrt. Alut hänselte die Schwester. »Was sehe ich? Unsere Krankenschwester kaut auf einmal Felle?«

Avija nahm das Leder aus dem Mund. »Woher weißt du, daß ich Krankenschwester werden will? Steht das schon so fest?«

Jetzt horchten auch die anderen auf, die Eltern und Onkel Unaleq.

»Du willst nicht Krankenschwester werden?« forschte der Vater vorsichtig. »Gehst du deswegen nicht mehr ins Krankenhaus und hilfst der Benze nicht?«

»Ja«, antwortete die Tochter kleinlaut.

Stille breitete sich in der niedrigen Stube aus. Die Mutter war sprachlos, und auch der Vater versuchte seine Gedanken zu ordnen.

»Sage offen, weshalb du nicht mehr in das Krankenhaus gehen willst!«

»Gestern bestätigte mir der Nakorsaq, was mir die Benze schon erzählt hatte: er wolle dafür sorgen, daß ich nach Godthaab käme.«

Kaum hatte Avija diesen Satz gesagt, fing sie an zu weinen. Das Schluchzen schüttelte sie richtig.

Da mischte sich Alut ein. »In Godthaab steht ein großes Krankenhaus, da kannst du genug lernen und bleibst dabei in Grönland.«

Avija schluckte noch ein paar Mal. »Ich will aber nicht. In Godthaab gibt es keine großen, grünen Bäume und ebensowenig

Blumen wie hier bei uns. Dann kann ich auch in Thule bleiben ... bei euch ... und bei meinen Hunden.«

Die Mutter tröstete die Tochter. »Du bist müde, schlafe dich mal aus. Morgen hat die Welt ein anderes Gesicht.« Sie legte die Decken auf der Pritsche zurecht, und Avija kroch gleich unter die Felle. Die aufgeregten Reden von Onkel Unaleq drangen bald nicht mehr in ihr Bewußtsein.

Der Sommer kommt

Mit einem Schlage war der Sommer da. Der Elv tobte vom Inlandeis herunter. Erst unten im Tal beruhigte er sich, verlor seinen Gischt und wurde zu klarem Wasser. Das Eis in der Bucht zeigte immer größere Risse; auf dem Land verschwand der Schnee bis auf kleine Flecken. Die Erde bedeckte sich mit Gras, gelben und weißen Blüten. Onkel Odaq, Tante Amauglaliq und Oline fuhren nach Kap York zurück, fast am letzten Tage, an dem noch Schnee lag.

Es war, als hätte der Sommer das alte, stille Leben wiedergebracht. »Die Flugzeuge bleiben plötzlich aus«, stellte Onkel Unaleq fest.

»Seitdem die Straße am Strand fertig ist, hört man auch von dort keinen Krach mehr«, ergänzte der Vater.

»Ob es wohl so bleibt«, wollte Onkel Unaleq wissen.

»Warum nicht«, entgegnete der Vater. »Uns soll es gleich sein, ob auf dem Flugplatz hundert oder fünfhundert Leute arbeiten. Auf der Wetterstation können hundert Mann wohnen. Wenn sie sich ruhig verhalten, hat niemand etwas dagegen.«

»Ich mag so viele Weiße nicht sehen«, wehrte Unaleq ab. »Was wollen die denn hier?«

Ja, darauf konnte niemand eine Antwort geben. Man hatte sich mit den Fremden abgefunden und ging seiner täglichen Beschäftigung nach. In diesem Sommer hatten Avijas Eltern ihre Zelte nicht weit vom Elv unten am Strand aufgestellt. Der Weg zur Schule war nah, und noch leichter hatte es Avija beim Wasserholen. Man schöpfte es wieder, das salzige aus dem Meer, und das süße aus dem Elv.

Als sie sich zum ersten Male hier unten mit der Wasserkanne aufmachte, rief Meqo: »Ich komme mit, ich möchte Mohn pflükken!«

Sobald die Schwester die gelben Stengel gebrochen und Avija ihre Kanne gefüllt hatte, quälte Meqo: »Und nun zu den Enten!«

Avija ließ der Kleinen heute ihren Willen. Zeit genug hatte sie, weil sie nicht mehr zum Krankenhaus ging. So liefen sie zu einem Tümpel, den der Elv an einer Biegung bildete. Eine Eiderente zog mit ihren Jungen ihre Kreise darin. Der Entenvater saß faul und verschlafen am Rand in der Sonne. Er blinzelte ab und zu umher, ob seiner Familie auch keine Gefahr drohe.

Auf einmal sah er die beiden Mädchen kommen. Mit lautem »A-ua, a–ua!« reckte er seinen Hals. Dann flog er auf den Weg, um die unwillkommenen Besucher zu vertreiben. Laut schnatternd watschelte er ihnen entgegen. Avija öffnete einen kleinen Beutel.

»Greif nur hinein und streue die Abfälle hin. Wenn die Enten Junge haben, wollen sie in Ruhe gelassen werden. Aber Hunger haben sie immer.«

Die Fischreste versöhnten den Entenvater. Er quarrte zufrieden und lockte seine Familie herbei. Entzückt blickten die Mädchen auf das Durcheinander der kleinen Flaumknäule. Meqo bückte sich und wollte eines der Entchen aufheben. Avija hielt sie fest. »Nicht, laß sie nur in Ruhe! Außerdem müssen wir nach Hause. Es wird Zeit für die Schule.«

In ein paar Minuten waren sie bei der Schule. Vor der Tür trafen die Schwestern auf Qiajuk und Puto.

»Na, da bist du ja, Meqo«, riefen die Freundinnen. »Bist du wieder ganz gesund?«

»Natürlich, sonst hätte der Nakorsaq mich nicht in die Schule gelassen«, sagte Meqo energisch und zeigte auf Putos Anorak. »Hast du wieder Schokolade bekommen?«

Puto wurde rot und errötete noch mehr, als Avija sie weiter neckte. »Du ziehst wohl deine Sterne und Streifen gar nicht mehr aus?«

Schnell brachte Puto das Gespräch auf andere Dinge. »Habt ihr eure Aufsätze fertig bekommen? Meiner ist nicht besonders gut geworden!«

»Ich hatte keine Lust zum Schreiben, viel habe ich nicht zusammengekriegt«, stimmte Avija bei. In der Schulstube rief Herr Hansen ihnen entgegen: »Die Kleinen gehen zu meiner Frau.« Dann fragte er: »Welche Aufgabe habe ich euch das letzte Mal gestellt? Weißt du es noch, Qiajuk?«

»Wir sollten unseren Namen aufschreiben und erzählen, von wem wir ihn haben, und was wir sonst noch von unserer Familie wissen und von den Verwandten, mit denen wir zusammen im Erdhaus wohnen.«

»Richtig. Dann lies mal vor!«

Herr Hansen schien aber nicht zuzuhören, sondern schrieb nur eifrig Zahlen in seine Statistik. Er wollte sie heute noch fertig haben, denn eben war durchgefunkt worden, daß die Nora Tikerak kommen würde. Nun mußten der Grönlandverwaltung alle möglichen Zahlen gemeldet werden: wieviel Schüler die Schule besuchten, wie alt sie waren, und wie sie hießen. Nach Qiajuk rief Herr Hansen Puto auf. Auch hier interessierte ihn nur Name, Alter und die Zahl der Hausbewohner, die er in seinen Bogen eintrug.

Als Avija an die Reihe kam, schlug sie ihr Heft auf und las. »Ich heiße Avija, früher hieß ich Amarulunguaq. Dieser Name, den ich bei meiner Geburt bekam, gehörte der Frau meines Onkels Unaleq. Aber Onkel Unaleq ist nur ein weitläufiger Verwandter. Er kam mit seiner Frau aus Ellesmere-Land nach Thule. Hier starb seine Frau nach der langen Reise, und ich bekam ihren Namen. Aber der war viel zu lang, und niemand mochte ihn aussprechen. Als dann meine Großmutter starb, die mich sehr gerne hatte, bekam ich deren Namen. So heiße ich heute Avija. Onkel Unaleq lebt mit uns in einem Haus. Auch mein Bruder Alut und meine Schwester Meqo . . .«

»Gut, gut, die nächste, bitte!«

So ging es weiter. Am Ende hatte Herr Hansen seine Statistik zusammen.

»Wer wird im Sommer 14 Jahre alt?«

»Ich«, meldete sich Avija.

»Was willst du werden?«

»Weiß ich noch nicht!«

»Ich denke, du wirst Krankenschwester!«

»Das wollte ich auch. Aber nun soll ich zur Ausbildung nach

Godthaab. Dahin will ich nicht!« Avija begann zu schluchzen. Erstaunt hörten die Freundinnen zu. Davon hatte Avija bis jetzt nichts erzählt.

Der Lehrer sah betroffen auf seine Schülerin. »Aber, aber, so ein großes Mädchen weint doch nicht! Denke an die arme Qatsiaq. Wie gerne würde sie in die Hauptstadt fahren, wäre sie nur gesund!«

Doch der Name Qatsiaq machte Avija noch trauriger. Wie eine schwere Decke lag die Zukunft auf ihr. In der Handarbeitsstunde fragte Frau Hansen: »Was ist mit dir heute los?«

»Der Nakorsaq hat gesagt, ich solle zur Ausbildung nach Godthaab!«

»Aber du wolltest doch immer mit einem großen Schiff fahren! Und Krankenschwester wolltest du auch werden! Warum willst du denn jetzt nicht mehr?«

»Doch, ich will auch jetzt noch! Aber ich möchte nach Kopenhagen. In eine Stadt mit großen, grünen Bäumen, wo es im Winter nicht dunkel wird, wo man Strümpfe und Schuhe und Kleider tragen kann, wie ich es auf den Bildern immer sehe!«

»Komm nach der Schule zu mir«, sagte Frau Hansen. »Dann sprechen wir weiter.«

Das tat Avija auch. Seitdem weinte sie nicht mehr. Doch was sie mit der Lehrerin geredet hatte, erzählte sie niemandem.

Am nächsten Tag wuschen sich alle gründlich und zogen ihre Sonntagskleider an. Wie ein Lauffeuer war die Nachricht herumgegangen: Heute kommt die Nora Tikerak! Alut stülpte sich sogar einen Kochtopf über und der Vater schnitt alle Haare ab, die darunter hervorguckten. So bekam er eine richtige Feiertagsfrisur.

Wie jedesmal, lief auch jetzt jung und alt zum Strand, um die Ankunft des Frachters zu beobachten und die neuen Leute, den Lehrer und den Nakorsaq, zu begrüßen.

Sobald das Schiff in Sicht kam, langsam durch die letzten Eisschollen steuernd, flogen an den sechs hohen Stangen bei der Handelsstation die Danebrogflaggen in die Höhe. Flintenschüsse knatterten von allen Seiten. Die Neugier überschritt alle Grenzen. Wie mochten wohl der neue Lehrer und der neue Nakorsaq aussehen?

Jetzt setzte das Motorboot vom Strand ab, beladen mit Menschen. Der Handelsverwalter, der Lehrer und der Nakorsaq wollten den Kapitän und die Mannschaft begrüßen und vor allem natürlich ihre Nachfolger. Die besten Fänger von Thule hatten sich mit in das Boot gedrängt, und wer keinen Platz fand, der paddelte in seinem Kajak hinaus.

Endlich rasselte die Ankerkette hinunter. Ein vielstimmiges »Hai, hai, hai« dröhnte über die Bucht. Die Männer am Strand schwenkten ihre Gewehre und Arme. Rufen und Winken kam auch vom Schiff.

Avija sah, wie das Deck im Nu erklettert wurde, wie die Männer hin und her liefen und ihre Bekannten begrüßten. Dann verlor sich ein Teil unter Deck.

»Nun werden sie wohl erst ein Gläschen trinken«, meinte Onkel Unaleq sehnsüchtig.

»Neuer Tabak kommt auch mit«, tröstete ihn Avija.

»Ob es wohl wieder so einen süßen Likör gibt«, fragte die Mutter und lachte bei der Erinnerung an ihren Schiffsbesuch.

Es dauerte eine Weile, bis das Motorboot umschwärmt von Kajaks zurückkam. Avija entdeckte nur die bekannten Gesichter unter den Dänen. Kein einziger Fremder war mitgekommen. Sollten die Neuen noch auf dem Schiff geblieben sein?

Da landete Alut, drängte sich durch das Gewühl und rief der Mutter und Avija zu: »Es kommt kein neuer Nakorsaq und auch kein neuer Lehrer!«

Avija glaubte nicht richtig zu hören. Was sollte das heißen? Blieben die alten hier? Sie überfiel Alut mit Fragen, aber der Bruder wußte auch nicht mehr, als er auf dem Schiff gehört hatte. Nun verließen die Dänen das Motorboot und wandten sich wortlos der Handelsstation zu. Ihre Gesichter sahen nicht fröhlich aus, wie sonst bei der Ankunft des Schiffes. Unruhig drängte sich Avija durch die Menge und lief hinter dem Lehrer und dem Arzt bis vor die Tür.

Sie mußte warten, ehe die Dänen aus der Handelsstation wieder zum Vorschein kamen. Der Nakorsaq sah sie und forderte sie auf: »Komm gleich mit zum Krankenhaus!«

Avija folgte ihm. Er sprach unterwegs kein Wort. Im Krankenhaus wartete schon die Benze voller Aufregung. »Was ist denn? Kommt kein neuer Nakorsaq?«

»Nein, und es wird auch keiner mehr kommen. Das Schiff fährt noch nach Qanaq hinauf und nimmt uns auf seiner Rückreise alle mit. Du bist nach Godthaab in das dortige Krankenhaus versetzt, und ich bin nach Kopenhagen zurückbeordert.«

Die Benze machte ein Gesicht, als ginge die Welt unter. »Was wird denn aus unserem Krankenhaus?«

»Abgebrochen. – Die Patienten kommen in ihre Familien. Ich fahre mit der Nora nach Qanaq, um zum letzten Mal nach den Kranken zu sehen. Inzwischen packt ihr hier. Alles muß gleich verladen werden, wenn die Nora von Qanaq zurück ist und hier noch einmal anlegt. Ich muß fort. Auf der Nora hat ein Matrose das Bein gebrochen.«

Ehe Avija eine Frage stellen konnte, war der Nakorsaq zur Tür hinaus. Mühsam versuchte sie sich zurechtzufinden. Das kam alles so schnell, daß ihre Gedanken nicht folgen konnten. Halb betäubt begann sie, mit der Benze Kisten vom Boden herunterzutragen.

»Der Nakorsaq hat dir wohl noch nicht gesagt, was aus dir werden soll«, besann sich die Benze während der Arbeit.

»Doch, ich soll mit nach Godthaab an das dortige Krankenhaus. Ich will aber nicht!«

Die Benze schüttelte den Kopf. Wieder begann sie, von der Hauptstadt zu erzählen. Ein richtiger Redestrom ergoß sich aus ihrem Munde. Offenbar begriff sie erst jetzt, welchen Wechsel die Versetzung nach Godthaab bedeutete. »Und das Krankenhaus dort ist viel schöner als unseres, und gegenüber liegen ein Selbstbedienungsladen und lauter neue Häuser . . .« Schließlich geriet sie so in Begeisterung, daß sie Avija umarmte und mit ihr durch den Korridor wirbelte.

Kurz vor Mittag entschuldigte sich Avija. »Ich muß mal schnell zur Schule und dem Lehrer sagen, weshalb ich nicht kommen kann.«

»Mache nur nicht zu lange«, bat die Benze ungewohnt sanft.

Draußen sah Avija, wie der Frachter mit Hochdruck entladen wurde.

Die größeren Jungen halfen mit. Stapel von Kisten und Säcken lagen bereits vor dem Handelshaus. Die Männer stopften ihre Pfeifen schon mit neuem Tabak.

In der Schule war der Lehrer gerade dabei, den Unterricht zu schließen. Avija wollte sich entschuldigen, doch Herr Hansen winkte ab.

»Ich weiß, du hast im Krankenhaus zu packen. Es kommt kein neuer Nakorsaq und auch kein neuer Lehrer. Aber nun wollen wir noch einmal singen! Das Sommerlied!« Schon klangen die Kinderstimmen zusammen:

>>Es ist so viel Freude in der Welt,
wenn man den Sommer spürt,
der auf die große Erde kommt.
Wenn man die Sonne sieht
und ihrer alten Fußspur nachschaut.
Ijaja ... ja ... ja!«

Als die Kinder sich hinausdrängten, sah Avija Qatsiaqs Mutter eintreten. Das Mädchen spürte sofort, was die traurige Frau dem Lehrer erzählen wollte. Einen Augenblick blieb Avija stehen. Da hörte sie auch schon: »Meine Tochter ist heute früh gestorben.«

Ganz durcheinander ging Avija zur Stube von Frau Hansen. Es schien ihr, als drehe sich die Welt vollständig um, als zeige sie ein ganz neues Gesicht. Das Krankenhaus verschwand, die Schule hörte auf, nun war auch Qatsiaq tot. Was blieb eigentlich noch so, wie es früher gewesen war? Und dabei glühte der Sommer draußen wie immer in jedem Jahr. Eilig trat sie in Frau Hansens Stube. –

Als Avija wieder zum Krankenhaus zurückkam, fiel sie der Benze um den Hals. »Ich fahre auch mit! Nicht nach Godthaab, nein, nach Kopenhagen! Frau Hansen nimmt mich mit!«

Sie konnte sich vor Freude gar nicht lassen. Erst allmählich bekam die Benze heraus, daß Frau Hansen mit dem Nakorsaq gesprochen hatte. »Ich soll solange bei Hansens wohnen, bis der Nakorsaq für mich eine passende Lehrstelle an einem Krankenhaus gefunden hat.«

An diesem Tag kam die Benze aus dem Staunen gar nicht mehr heraus. Wie konnte Avija nur das herrliche Godthaab verschmähen? Sie, die Benze, würde nie von Grönland fortgehen, noch dazu nach Kopenhagen, in eine Großstadt, wo so viele Verbrechen geschahen, wie in der Zeitung zu lesen stand. Gestohlen wurde dort sogar!

Aber davon sagte die Benze nichts. Sie war froh, daß Avija ihr half. Wie sollte ein einzelner Mensch alle die kleinen Sachen, die zu einem Krankenhaus gehörten, verpacken?

Zum Überfluß kam noch Sturm auf. Die Wände krachten und ächzten in ihren Fugen. Ein Stein zerschmetterte ein Fenster. Die Benze jammerte. »Jetzt im Sommer Sturm! Es ist ein verrücktes Jahr! Und das alles, während der Nakorsaq fort ist!«

»Wenn das Krankenhaus abgebrochen wird, kommt es auf das Fenster auch nicht mehr an«, meinte Avija.

»Schon, schon, aber zukleben müssen wir es doch. Du bleibst doch die Nacht hier?«

»Natürlich, dann können wir morgen in aller Frühe weiterpacken.«

Zum Abend holte die Benze die leckersten Konservenbüchsen vom Boden herunter. Sie waren eigentlich für den Nakorsaq bestimmt. »Wenn unser Haus abgebrochen wird, können wir die Vorräte gleich aufessen«, murmelte die Benze.

Avija hatte dergleichen noch nie geschmeckt. Die Benze wirtschaftete mit Töpfen und Schüsseln und erläuterte nebenbei alles, was zum Vorschein kam. »Das sind Erbsen und das dort

Möhren. Hier ist Gulasch, und das sind Pfirsiche, die essen wir nachher.«

Viel konnte sich Avija bei diesen Wörtern nicht denken, aber das Essen war herrlich. Auch die Kinder, zuerst mißtrauisch, überschlugen sich vor Begeisterung und riefen: »Adolo, adolo, mehr, mehr!«

Die Benze gab ihnen so viel sie haben wollten. »Eßt nur, morgen kommt ihr nach Hause. Aber jetzt schlaft erst einmal«, sagte sie, als sie die erstaunten Gesichter sah.

Dann wandte sie sich an Avija. »Dir ist das Essen hier auch gut bekommen, du bist stärker und kräftiger geworden.«

»Das sagen meine Eltern auch.«

»Du wirst es in Kopenhagen brauchen können.«

Die Gedanken der Benze liefen langsam. Doch nun schien das Wort »Kopenhagen« sie wieder an den Anfang des Tages zurückzuführen. Sie blickte Avija an. »Weißt du eigentlich, warum unser Krankenhaus abgebrochen werden soll?«

Avija, die schon im Bett lag, schüttelte den Kopf. Nein, sie wußte es auch nicht. Die Benze benutzte die Abwesenheit des Arztes, um gründlich auszuschlafen. Die Sonne schien schon warm durch das Fensterchen, als sie endlich aus dem Bett kroch. Avija stand bereits an der Dachluke und blickte hinaus. Das Inlandeis lag in voller Pracht unter dem Sonnenlicht.

»So blau war der Himmel seit langem nicht, der Sturm hat alle Wolken weggefegt«, sagte sie über die Schulter.

Die Benze brummte nur etwas und fuhr in die Kleider. Dann lief sie die Treppe hinunter. Avija kämmte sich gemächlich ihr schwarzes Haar, zog den Scheitel in der Mitte gerade und band den Knoten, der bis in den Nacken hing, mit einem roten Band zusammen. Zufrieden betrachtete sie ihr Spiegelbild. Wie gut das Haarband zu dem rot und blau karierten Anorak paßte! Sobald sie Geld verdiente, würde sie auch so einen großen Spiegel kaufen, wie ihn die Benze hier besaß. Ihren kleinen Taschenspiegel, ein Geschenk Aluts, hatte Meqo schon im Winter fallen lassen und dabei zerbrochen. Da rief die Benze von unten. »Komm endlich herunter, die Hafersuppe für die Kinder ist fertig!«

Der Tag verging mit Packen und Aufräumen. Die kleinen Patienten wurden abgeholt. Am Nachmittag sagte die Benze: »Du kannst jetzt nach Hause gehen, meine Sachen packe ich morgen selbst.«

Avija lief nicht nach Hause, sondern blieb am Strand.

Eine neue Zeit beginnt

Die Nora Tikerak war fort. Am Strand arbeiteten Männer und Frauen, um die abgestellten Waren zu sortieren. Fast alles ging in den Laden. Kohlen lagen nur für die Handelsstation am Strand. Schule und Krankenhaus gingen dieses Mal leer aus.

Herr Hansen hatte nur seine Briefe und einen Stapel Zeitungen erhalten. Die Benze fand unter ihrer Post ein ganz großes, flaches Päckchen. Darin war eine Grammophonplatte. Die wurde sofort aufgelegt. Durch die offenen Fenster schallte es weit nach draußen.

Onkel Unaleq, der am Strand den Arbeiten zusah, hob den Kopf und blickte zum Krankenhaus hinüber. »Was singt denn die Benze?«

Alle lachten. »Das ist ein Grammophon, was da singt«, wurde er belehrt.

Der Onkel machte ein ratloses Gesicht.

Avija kam ihm zu Hilfe. »Was du da hörst, ist das grönländische Nationallied. Die Benze singt es öfter, aber jetzt singt es das Grammophon.« Deutlich klang es herüber:

> »Unmöglich noch weiter in Ruhe zu verweilen,
> Grönländer steht auf!
> Dem Neuen entgegen!
> Wir wollen als freie Menschen aufwachsen.
> Beginnt an die Tüchtigkeit zu glauben!«

Onkel Unaleqs zerknittertes Gesicht bekam noch mehr Falten. Er wiederholte: »Unmöglich noch weiter in Ruhe zu verweilen!« Er machte eine Pause und spuckte aus. »So ein Unsinn. Das ist doch kein altes Lied! Das haben die Grönländer von den Dänen. Die Weißen sind ständig in Unruhe. Auch zu uns bringen sie ihre Unruhe!«

Da kam Herr Holm und reichte Tabak herum. Die Pfeifen qualmten. Fragen über Fragen gingen an den Verwalter. »Löscht die Nora nach ihrer Rückkehr von Qanaq noch mehr Ladung?« – »Warum haben die Schule und das Krankenhaus keine Kohlen bekommen?« – »Die Nora kam doch aus Umanak, wo es genug Kohlen gibt!« – Aber Herr Holm zuckte nur die Achseln. Avija hätte die Fragen beantworten können, aber sie eilte zum Krankenhaus zurück. Es war sicher noch etwas einzupacken. Doch die Kisten und Koffer standen bereit und fertig. »Nein, es ist nichts mehr«, meinte die Benze. »Aber halte den Mund, und sage außer deinen Eltern niemand etwas, daß du nach Kopenhagen kommst. Das gibt nur Klatscherei!«

Avija versprach es. »Bis jetzt habe ich noch niemandem etwas gesagt.«

Vom Krankenhaus lief sie zum Laden. Zahlreiche Frauen begutachteten die neuen Stoffe. Avija verschlang die bunten Ballen mit den Augen. Brauchte sie nicht für Kopenhagen einen neuen Anorak? Ob die Mutter den Stoff dazu kaufen würde, hier den weiß- und gelbgestreiften oder da den blauen?

Da stieß Alut sie in die Seite. »Hier, hilf mir tragen! Ich verliere sonst meine Päckchen!«

Avija strahlte und griff zu. »Lauter Kaffee-, Pudding- und Kakaopäckchen. Mutter muß uns heute abend noch Kakao kochen! Und Tabak für Onkel Unaleq ist auch dabei!«

Vergnügt machten sich die Geschwister auf den Heimweg. Unterwegs erzählte Avija, was sich im Krankenhaus zugetragen hatte. Sie trafen vor dem Zelt die Mutter an, wie sie Robbenfelle für einen Kajak zusammennähte.

»Sieh nur, Mutter, was ich mitgebracht habe«, rief Alut. »Lange haben wir keinen Kaffee mehr getrunken und keinen Kakao. Kochst du ihn gleich?«

Auch Meqo stürzte herbei: »Au ja, Kakao!«

Doch die Mutter schien es nicht eilig zu haben. »Wirst du dich sofort wieder hinlegen, wie es der Nakorsaq gesagt hat«, ermahnte sie Meqo.

Dann wandte sie sich an Avija. »Hilf mir schnell zu Ende nähen. Nur feuchte Häute spannen und ziehen sich gut. Wenn morgen die Tagessonne darauf scheint, reißen sie sofort.«

Aber Avija hörte gar nicht auf die Mutter. »Denkt euch nur, Frau Hansen will mich mit nach Kopenhagen nehmen«, platzte sie heraus. »Alut habe ich es erzählt, er will es nicht glauben.«

Der Vater, der bis jetzt das Kajakgerippe neben dem Zelt geprüft hatte, kam näher. Auf den Gesichtern der Eltern malte sich großes Staunen. Man sah ihnen an, daß sie nicht gleich begriffen, was ihre Tochter erklärte.

»Aber du hast doch vor ein paar Tagen gesagt, du bliebest hier!«

»Vielleicht fällt ihr morgen wieder etwas anderes ein«, spottete Alut. Niemand beachtete ihn. Dann fing der Vater wieder an.

»Wenn der Nakorsaq dich mit nach Kopenhagen nimmt, haben wir nichts dagegen. Du kannst dort sicher viel lernen. Und Onkel Odaq ist ja auch dort gewesen und lebendig zurückgekommen.«

Avija fühlte, wie sich ein Schleier von Ratlosigkeit und Kummer über die Eltern legte, trotz der Worte des Vaters. Die Mutter ließ die Robbenfelle fallen und ging ins Zelt. »Das Wasser für den Kakao«, murmelte sie. Der Vater begann unvermittelt von dem neuen Kajaktyp zu sprechen.

»Erinnert ihr euch noch des alten Enok, dem wir auf der Reise nach Qanaq begegneten? Er war ein großer Fänger und hat uns gelehrt, wie man den heutigen Kajak macht. Mit der kleinen runden Öffnung, in die wir beim Einsteigen hineinkriechen. So, und nun wollen wir das Gestell auf die Haut aus Fellen setzen und sie darüber spannen . . .«

Weiter kam der Vater nicht. Plötzlich dröhnte Sirenengeheul von der Bucht herauf. Erstaunt hoben alle die Köpfe.

»Seht mal da, das Schiff mit dem dicken Schornstein, das wir durch das Fernglas gesehen haben«, schrie Avija in höchster Überraschung. Die anderen sagten nichts. Eine Flotte von niedrigen, flachen Prahmen näherte sich der Küste, dort wo die Amerikaner die Straße gebaut hatten.

Unendliches Hundegeheul antwortete den Sirenen. In den Zelten, in denen die Leute schon schliefen, wurde es lebendig. Vogelschwärme schreckten auf und verfinsterten den Himmel.

»Wir laufen zum Strand«, riefen Avija und Alut und stoben davon. Dort sahen sie die großen, flachen Schiffe an das Ufer heranfahren, eines hinter dem anderen, in einer langen Linie. Mit der Breitseite schoben sie sich auf den Sand und rammten sich fest. Auf einmal standen die beiden in einem Gewimmel von Amerikanern, die vom Flugplatz herbeieilten.

»Wir klettern auf das Thulefjell, da sehen wir alles besser«, schlug Avija ihrem Bruder vor. Sie liefen Hansens nach, die offenbar auch dorthin wollten. Auf halber Höhe blieben sie stehen. Herr Hansen hielt sein Fernglas vor die Augen. Doch auch ohne Glas sahen sie, was da heranschwamm: soweit das Wasser reichte, Schornsteine und Maste.

»Da kommt ein ganzer Geleitzug«, stellte Herr Hansen fest. »Voraus fährt ein Eisbrecher. Sieh mal!«

Er reichte das Glas Alut. »Das ist der Eisbrecher ›Northwind‹, der 1946 schon einmal hier war. Jedenfalls sieht das Schiff genauso aus«, erklärte Alut.

»Was ist ein Geleitzug«, fragte Avija.

»Eine ganze Flotte von Schiffen, die alle mit der gleichen Geschwindigkeit fahren und immer dicht zusammen bleiben«, erläuterte der Lehrer. »So etwas habe ich noch niemals in meinem Leben gesehen!«

Selbst die Dänen kamen aus dem Staunen nicht heraus. Langsam preßte sich die Flotte in die Bucht, Schiff an Schiff.

»Die Pontons bilden lange Brücken, die weit ins Wasser hinausreichen«, stellte Herr Hansen fest, er bekam das Glas nicht mehr von den Augen.

»Ah, sie richten Landekais ein. Über die flachen Decks sollen die Frachter entladen werden. Die Schiffe können ja nicht direkt am Ufer anlegen.«

Die Sonne sank allmählich dem Nordpunkt zu. Schwere Schlagschatten fielen über die Bucht. Scheinwerfer blitzten auf. Das Gewimmel zahlloser Arbeiter tauchte ins Dunkel. Verworrenes Getöse drang von unten herauf: Maschinenlärm, Poltern, Knirschen, Schreien und dazwischen mitunter eine Sirene, in die Dutzende von anderen Sirenen einfielen mit nie gehörtem Heulen.

Da, an einer Stelle begannen Lastwagen über Planken, den künstlichen Kai, an Land zu rollen. Die Geschwister verfolgten das Schauspiel mit aufgerissenen Augen. »Was wollen die hier? So viele Schiffe!«

Herr Hansen zuckte die Achseln. »Der Handelsverwalter weiß sicher mehr. Morgen wird der Fängerrat zusammentreten. Aber wir müssen nach Hause.«

Vorsichtig kletterten sie zum Strand hinab. Verwirrt kamen die Geschwister zum Wohnplatz. Sie fanden die Eltern dabei, die Zelte abzubrechen. Das Wasser war längst verkocht. An den Kakao dachte niemand mehr. Der Vater meinte kurz: »Wir müssen zu den Erdhäusern zurück, hier können wir nicht bleiben, der Krach ist zu groß.« –

Am nächsten Morgen versammelten sich die Fänger beim Handelsverwalter. Auch Avijas Vater und Onkel Unaleq gingen hin. Keiner hatte ein Auge zugetan, der unaufhörliche Lärm, der von der Bucht heraufdröhnte, klang in der Polarstille zu ungewohnt. Nicht zehn auf einmal kalbende Gletscher hätten solch ein Getöse gemacht.

Als die Aufregung der Versammelten sich gelegt hatte, begann der Handelsverwalter zu sprechen. »Seit Tagen ist unsere Funkstation mit Meldungen und Anordnungen aus Kopenhagen überlastet. Die Regierung hat der Landung der Amerikaner hier zugestimmt. Ihr wißt, wie klein Dänemark ist. Wenn eine Großmacht etwas will, kann sich ein kleines Land nicht dagegen wehren.«

Gemurmel erhob sich. Der Handelsverwalter wartete eine Weile. Dann fuhr er fort. »Die Amerikaner wollen hier einen Riesenflugplatz bauen, auf dem die größten Flugzeuge landen und abfliegen können. Sie haben schon im Frühling damit begonnen. Niemand von uns ahnte, daß die ersten sechshundert Mann nur ein Anfang waren. Eine ganze Stadt soll hier entstehen aus Aluminium. Das ist dasselbe Metall, aus dem eure Kochtöpfe gemacht sind.«

Der Handelsverwalter machte eine Pause. Dann begann er leise wieder: »Kopenhagen hat befohlen, daß unser Tal geräumt wird. In Qanaq wird ein neues Thule aufgebaut mit modernen Häusern wie in Südgrönland. Es wird für euch in jeder Hinsicht gesorgt werden. Ab morgen könnt ihr im Laden alles holen, was ihr braucht, ohne Bezahlung. Die Vorräte werden verteilt, ohne Gegenwert.«

Wieder erhob sich Gemurmel. Mit lauter Stimme verschaffte sich der Sprecher Ruhe. »Ich verlese jetzt den Schluß eines Briefes, den unser Minister für Grönland geschrieben hat. Da heißt es:

›Es ist uns nicht gegeben zu beurteilen, ob der Gewinn den Verlust aufwiegt. Wir sehen wohl das Tragische der Entwicklung, aber wir haben keine andere Wahl gehabt.‹

Das wollte ich euch sagen.«

An den Gesichtern der Zuhörer sah der Handelsverwalter, daß seine Mitteilung nur ganz allmählich begriffen wurde. Lediglich Kale, der Vorsitzende des Fängerrats, hatte verstanden. Deshalb nahm er das Wort. »Unser altes Thule wird in dem Lärm der Preßlufthämmer, der Trecker und Düsenflugzeuge sterben, aber das neue Thule in Qanaq wird bald leben.«

Es war, als erwachten die Zuhörer aus einem Traum. Dann prasselten die Fragen auf den Handelsverwalter hernieder. »Bleibst du hier? Wann müssen wir nach Qanaq ziehen? Wann kommen die neuen Häuser für uns? Sind sie auch aus Aluminium wie die amerikanischen Häuser am Flugplatz? Werden hier alle dänischen Häuser abgebrochen oder nur das Krankenhaus?«

»Alle dänischen Häuser werden abgebrochen. Nur die Handelsstation bleibt stehen. Von ihrem Dach wird der Danebrog auch über der neuen amerikanischen Stadt wehen.«

Niedergedrückt und bestürzt gingen die Fänger nach Hause. Draußen empfing sie der Lärm der Maschinen. »Das ist das Ende der Welt«, flüsterte Onkel Unaleq.

Der Vater nickte. »Wenn das Knud Rasmussen noch erlebt hätte!«

Im Nu verbreitete sich die Rede von Herrn Holm durch die Siedlung. Nun wurde jedem klar, was vorging. Die Leute sammelten sich am Strand und starrten auf die mit Schiffen gefüllte Bucht, die Ohren voll des donnernden Lärms. Eine ungeheure

Staubwolke stand über dem Flugplatz. Niemand ging seiner Arbeit nach.

»Das halten auch die Tiere nicht aus. Die Füchse und Hasen, die Robben und Walrosse werden woandershin ziehen«, meinte ein Fänger.

»So weit ist es schon«, fiel ein anderer ein. »Mein Sohn war mit dem Kajak draußen, um Fische zu fangen. Er sah durch sein Fernglas, wie die Seehunde nach Norden fliehen. Nur eine völlig verölte und erstickte Robbe brachte er mit. Hier werden wir verhungern und erfrieren.«

»Das ist das Ende der Welt«, murmelte Onkel Unaleq noch einmal.

Avija hatte voller Schrecken dem Vater zugehört, wie er von dem geplanten Umzug nach Qanaq berichtete. »Wir müssen alle hier aus Thule fort? Dann hat der Onkel recht!« Sie deutete auf die Bucht.

»Sieh mal, die Nora Tikerak wird kaum Platz finden, wenn sie von Qanaq zurückkommt.«

Der Vater blickte seine Tochter liebevoll an. »Ich bin nur froh, daß der Nakorsaq dich mitnimmt nach Kopenhagen. Du brauchst das alles nicht mitzumachen! Bis wir in Qanaq sind, werden wir hier hungern und frieren.«

Avija fühlte sich hin- und hergerissen. »Aber wer füttert meine Hunde? Wer sorgt für Ikaleq und Qatsiaq?«

»Keine Sorge! Ich passe schon auf, und Meqo übernimmt dein Gespann und deinen Schlitten.«

»Und was sagst du, Onkel Unaleq, du schweigst ja.«

»Du weißt, was ich von den Weißen halte. Ich habe dich gewarnt. Wenn du in das Land der weißen Männer kommst, hüte dich, zuviel von ihrer Seele einzuatmen. Jetzt sind sie schon hier, und täglich quellen mehr aus den Bäuchen der Schiffe. Sie bedecken bald den ganzen Strand. Sie haben das Meer vergiftet, und die Robben sterben. Wir werden im Winter keine Fangtiere und keinen Tran für unsere Specklampen haben. Wir werden frieren und hungern. Die Weißen bringen uns das Gift, und es wird das Ende unseres Stammes sein.«

Da begann eine Handtrommel zu pochen. Onkel Unaleq tanzte einen Tanz, er fühlte sich wieder als Schamane und suchte die verstörten Leute zu trösten mit den uralten Liedern seines Volkes. Er sang:

> »Geist der Luft, komm,
> komm eilends herbei.
> Dein Beschwörer ruft dich.
> Komm und beiße das Unglück tot.
> Geist der Luft,
> komm, komm eilends herbei!
> Ich stehe auf, zwischen lauter Gletschern
> stehe ich auf.
> Beschwörer helfen mir, richten mich auf
> zwischen Geistern.«

Aber dieses Mal kam kein Geist, das Unglück totzubeißen.

Dafür kamen aufregende Tage. Der Laden wurde fast gestürmt. Man drängte und riß sich um die schönsten Sachen, die umsonst verteilt wurden. Mit Donnerstimme jagte der Verwalter die zankenden Frauen hinaus.

»Von jetzt ab kommen nur zwei Familien herein, immer nur zwei, nicht mehr. Alut, stelle dich neben die Tür und laß nicht mehr Leute in den Laden, als ich sage!« –

Am Südstrand raste die Arbeit fort. Krane, Schlepper, Bagger und vor allem Lastwagen über Lastwagen, rollten an Land. Ungeheure Tanks lagen am Ufer, um Heizöl aufzunehmen. Gewaltige Schläuche zogen sich von den Schiffen über die Kais. Stand die Sonne tief gegen den Horizont, dann fingerten breite Scheinwerfer über die Bergschatten.

Als die Nora Tikerak drei Tage nach ihrer Abfahrt von Qanaq zurückkehrte, mußte sie sich mühsam einen Weg durch die ankernden Frachter suchen. Ein kleiner Lastwagen transportierte Koffer und Kisten zur Anlegestelle. Unzählige Male knatterte das Motorboot zwischen Ufer und Schiff hin und her.

Die Benze schenkte Avija ein Köfferchen für ihre wenigen Habseligkeiten. Ein neues Spiegelchen bekam sie von Alut, einen Anorak von der Mutter, Stricknadeln aus Narwalzahn vom Vater, Haarbänder von Puto und Qiajuk.

Onkel Unaleq drückte ihr eine kleine, flache Handtrommel in die Hand. »Nimm das nur, dafür hast du noch Platz. Dann vergißt du Thule nie!«

Als Avija mit ihrem Köfferchen bei der Landestelle stand, hatten die Amerikaner gerade Mittagspause. Ganz unwirklich lastete plötzlich Stille über der Bucht. Sie drückte genauso wie der Lärm. Jeder wußte, wie rasch das Knattern, Heulen, Knirschen und Donnern wieder einsetzen würde.

Alles war anders als sonst. Am Strand lag das Motorboot bereit. Nur wenige Eskimos warteten in ihren Kajaks, um die Abfahrenden zu begleiten und ihnen zuzuwinken. Die meisten waren hinausgepaddelt nach Norden, den Seehunden nach. Frauen und Kinder hatten sich in die Berge aufgemacht, um

Vogeleier zu sammeln. Dort dröhnte der Lärm nicht so unerträglich.

Nur die Freundinnen Puto und Qiajuk waren gekommen. Stumm standen sie neben Onkel Unaleq. Auch Avija fand kaum ein Wort. Schließlich fragte sie Puto: »Warum trägst du deinen alten gestopften Anorak? Wo hast du deinen neuen, den mit den Sternen und Streifen?«

»Das weißt du doch, den hat mir mein Vater weggenommen. Ich darf ihn nicht mehr anziehen, seitdem die Amerikaner hier sind.«

»Ach ja, das hatte ich vergessen.«

Nun fing der Vater an zu sprechen. »Schreibe uns gleich, sobald du in Kopenhagen angekommen bist.«

Qiajuk wurde lebendig. »Ja, schreibe nur, ob auch alles stimmt, was wir hier auf den Postkarten gesehen haben. Ob die Bäume und großen Häuser nicht nur aufgemalt sind!«

Avija blickte sich um. Das war ihr altes Thule nicht mehr: aufgebrochene Erde, Stapel von Brettern, Blechen und Aluminiumplatten. Die aufgestellten Häuser glitzerten in der Sonne. Die Wände des alten Krankenhauses leuchteten rot. Fremde Männer gingen ein und aus. Jetzt kam die Benze aus der Tür. Sie hatte eine vergessene Tasche geholt.

»Was sind denn das für Männer«, wollte Avija von der Benze wissen.

»Ärzte oder Pfleger. Die Amerikaner übernehmen jetzt die ärztliche Versorgung der Thuleleute.«

Nun erschien auch Alut. Er hatte Ikaleq und Qatsiaq mitgebracht. Immer wieder sprangen die Tiere an Avija hoch. Sie ließ den Koffer fallen und streichelte ihre Lieblinge. Ein Kloß drückte in ihrer Kehle. »Ich werde euch niemals vergessen«, murmelte sie. Dann wandte sie sich an Alut: »Sorge für meine Hunde!«

Der Bruder antwortete nicht auf die Bitte. Hastig begann er von ganz anderen Dingen zu sprechen. »Herr Holm hat mir Pläne für die neuen Häuser in Qanaq gezeigt. Ich soll im Winter nach dem Süden fahren und dort den Einbau von Türen und Fenstern lernen. Wenn du zurückkommst, stehen die Häuser in Qanaq schon!«

Avija wirbelte in einer unwirklichen Welt. Die verhangene Zukunft drohte ebenso wie die lärmende Gegenwart. Das alte Thule zeigte ein ebenso fremdes Gesicht wie das ferne Kopenhagen.

Die Bordkanone der Nora Tikerak donnerte das Abfahrtssignal. Es wurde Zeit, das Motorboot zu besteigen. Der Nakorsaq drückte die Hände, die sich ihm entgegenstreckten. »Ich komme wieder! Bis dahin sorgen die amerikanischen Ärzte für euch!«

Dem Vater standen Tränen in den Augen. »Nakorsaq, du hast mir das Leben gerettet, du hast meine Tochter Meqo gesund gemacht, und jetzt sorgst du für Avija. Bringe sie wieder zurück, du willst ja wiederkommen!«

Avija sah die vertrauten und lieben Gesichter wie durch einen Schleier. Mühsam kletterte sie in das Boot. Langsam tuckerte es davon, dem Schiff entgegen. Oben auf dem Deck drängte sich alles an die Reling. Die Ankerkette begann zu klirren.

Avija schmiegte sich an Frau Hansen. Die Lehrerin legte den Arm um die Schultern des Mädchens.

»Weißt du noch, wie du am Sylvesterabend das Bleischiff gegossen hast? Es ist in Erfüllung gegangen!«

Jetzt geriet das Schiff in Bewegung. Kajaks schwärmten auf dem Wasser. Da war Alut noch einmal und dort der Vater! Rufe flogen hin und her. Auf einmal hörte Avija das Grammophon wieder. Irgend jemand hatte es angestellt. Deutlich schallte es aus den offenen Fenstern des Krankenhauses:

>>Es ist ein herrlich Land,
das steht mit breiten Buchten
im Meer am Ostseestrand!<<

Worterklärungen

Alke	entenähnlicher Tauchvogel, schwarz-weiß gefiedert. Die Alken brüten in Kolonien an felsigen Küsten
Amaut	Frauenpullover aus Fell oder Stoff mit einem Rückenbeutel, in dem das Baby getragen wird
Angekok	eskimoischer Name für Medizinmann
Anorak	dasselbe wie ein Amaut, aber ohne Rückentasche, dafür mit Kapuze, die nur das Gesicht frei läßt
Benze	eskimoisches Wort für Krankenschwester
Danebrog	dänische Flagge, rot mit weißem Balkenkreuz
Elv	kleiner Fluß oder Bach
Fjell	Berg
Giviaq	in Robbenhaut eingesackte Seevögel, die im Lauf des Sommers vom Tran der Speckhaut durchzogen werden. Beim Essen werden die rosa gefärbten Federn ausgerupft. Wird sowohl gefroren wie aufgetaut genossen
Harpune	Wurflanze in großer und kleiner Ausführung zur Jagd auf Seesäuger und Vögel. Die großen Harpunen für die Jagd auf Wale und Robben sind durch eine Leine mit einer Fangblase verbunden. Die auf dem Wasser schwimmende luftgefüllte Blase zeigt den Standort des getauchten Tieres an.
Inlandeis	die ganz Grönland bedeckende, zwei bis drei Kilometer dicke Eismasse, im Sommer von großen Pfützen überzogen. Nur die Küsten sind eisfrei

Kajak	Paddelboot des eskimoischen Jägers. Holzgestell mit Robbenhaut überzogen. Es hat in der Mitte ein Einstiegloch, in dem der Jäger sich festschnallt. Vorn und hinten spitz, etwa fünf Meter lang
Kamikken	hüfthohe Frauenstiefel aus Robbenfell, Haarseite nach innen
Matak	Walspeck mit Haut daran
Nakorsaq	eskimoisches Wort für Arzt
Narwal	ein ungefähr fünf Meter langer Wal mit einem mächtigen Stoßzahn aus Elfenbein
Revling	eine grün rankende Abart des Heidekrautes
Schamane	Geisterbeschwörer und Priester
Seekönig	stargroßer Wasservogel, weiß gefiedert. Brütet an der Küste
Specklampe	eine runde, ovale oder nierenförmige Schale aus Speckstein, von einem halben Meter Durchmesser. Der eingefüllte Tran verbrennt durch einen Docht mit heller Flamme. Dient zum Kochen, Backen, Heizen
Trommel	einfacher Holz- oder Knochenring, bezogen mit Fell von der Walroßkehle
Ulo	mondsichelförmiges Frauenmesser
Warde	aus Steinen aufgeschichtetes Mal, das als Wegweiser und Erinnerungszeichen dient. Hier auf dem Thulefjell Denkmal für Knud Rasmussen

Inhalt

Anna Müller-Tannewitz

Die rote Lady

232 Seiten. Halbleinen

Die rote Lady hat wirklich gelebt. Mit ihr, der indianischen
Häuptlingstochter, streifen wir durch die dichten Wälder Vir-
ginias und lernen das Leben und Treiben ihres Stammes kennen. Mit ihr aber erleben wir auch als großen Gegensatz das
London des 17. Jahrhunderts aus der Sicht des Adels. Hier wie
dort spielt »Pocha-huntas«, wie die Engländer sie nach ihrem
Kosenamen nennen, die Rolle der Vermittlerin – sie erkennt
das Böse und das Gute in beiden Völkern.
Wenn die Häuptlingstochter auch allzu früh an den Pocken
starb und ihre Mission nicht beenden konnte, so genügte die
Zeit doch, sie zu der von der Geschichte unvergessenen, in den
englisch-amerikanischen Ländern durchaus bekannten Gestalt
der »roten Lady« zu machen.

K. THIENEMANNS VERLAG STUTTGART